国際協力・国際機関人材育成シリーズ　2

歴史に生きる―国連広報官の軌跡―

グローバルキャリアのすすめ

【目次】

国際機関・国際協力人材育成シリーズ第二作の出版にあたって

国際社会が大きな変動期を迎え、気候変動などグローバルな課題への一層の取り組みが叫ばれ、また、一国排他主義的傾向が高まる中、国際協調をベースとした多国間主義（マルチラテラリズム）の促進がこれまで以上に喫緊の課題となっている。

このような中で、国際機関・国際協力人材育成シリーズ第二作には、長年国際連合（国連）事務局で勤務され、数々の歴史的出来事に関与されてきた植木安弘氏に執筆をお願いした。植木氏は、上智大学を卒業したあとコロンビア大学大学院に進み、国際関係論で修士号と博士号（Ph.D.）を取得され、国連事務局に勤務された。二〇一四年の退官後、本学の総合グローバル学部教授として学生の指導にあたり、国際協力人材育成センター所長としてもグローバル人材の育成に貢献していただいている。

『歴史に生きる』と題した本書は、植木氏の国連勤務時代の回顧録であるが、同時にその時代の歴史の変遷と植木氏が実際に経験した国際問題や紛争、その解決に至るプロセス、問題の背景、そして、そこに生きる人々についても書かれており、読者にとってもいろいろ学ぶことが多い。特に、二〇〇三年のイラク戦争は世界を真っ二つに割った出来事で、戦争になるかならないかの判断の根拠として行われた国連と国際原子力機関のイラクでの大量破壊兵器査察に、その様子を現地から世界に伝える報道官として日本人職員が選ばれ活躍したことは我々の記憶にも深く残り、誇りともなっている。また、国連のような国際機関は、机上のものでも遠い存在でもなく、我々の生活にも直接間接に影響を与えている国際社会の不可欠な存在であることも実感として伝わってくる。

国連が目指す世界平和と安全の維持、経済社会開発の推進、人権や人の尊厳の尊重、規範に基づいた国際秩序の形成と発展は、上智大学の設立母体であるカトリックイエズス会が何世紀にもわたりその指針としてきた教育精神の「Men and Women for Others, with Others（他者のために、他者と共に）」と合致している。そして、国際社会の多くの課題に対応していくことのできるグローバル人材の育成は、本学の教育目標の一つでもある。大学の正規カリキュラムに加えて、国連や他の国際機関への研修プログラム、アフリカやアジア、南北アメリカ、ヨーロッパなど世界各地で「現地から学ぶ」さまざまな研修を通じて、学生一人ひとりの世界観を広げ、将来のキャリア形成に役立てている。また、国連事務総長をはじめ、各種国際機関の事務局長や職員から直接国際問題やキャリア形成などについてもお話しを聞く機会も提供している。本学の学生が主な対象ではあるが、これらの機会は広く一般にも開放している。上智大学を機会共有の場として捉え、より多くの人達が自らの発展と国際社会の発展に寄与していただければ幸いである。

最後に、日頃の教育や研究に加え、国際協力人材の育成のための新たな海外研修プログラムの設立や年に二回行われる「国連ウィーク」の実施、国際公務員養成コース、「国連職員と話そう！」といったさまざまな企画を実施していただいている植木安弘教授には、心より感謝を申し上げたい。

二〇一八年九月

上智大学学長　曄道佳明

はじめに

私が初めて国連本部の門をくぐったのは一九八二年一〇月三〇日、そしてこの門を出たのは二〇一四年一月三一日だった。この間三〇年を超える年月を「国連人」として過ごしたことになる。一九九二年四月から二年程国連を休職し、外務省の日本政府国連代表部政務班で専門調査員として勤務したが、これは一九九二年から一九九三年にかけて日本が安全保障理事会（安保理）の非常任理事国に選出され、専門調査員のポストがちょうど空いたことから、国連事務局職員としては経験できない国連外交の裏舞台を学ぶ良い機会と捉えたからであった。

この国連での人生を振り返って何が自分のハイライトだったかと思うと、まず、イラク戦争前のイラクでの国連大量破壊兵器査察団のバグダッド報道官としての仕事が挙げられる。バグダッドの査察団の中で唯一日々の査察活動に関し公式発言のできる報道官となったことで、その一言一言が来たる戦争を正当化できるかどうかの尺度として注目されたのである。しかも、その役に就いたのが日本人の職員ということで、日本でも注目を浴びることになった。

国連の中堅職員でありながら、さらに歴史に深く関与したのが、インドネシアの東端に位置する東ティモールであった。東ティモールは今でこそ独立国家として平和と安定を享受しているが、その誕生に至るまでには多くの血が流れ、幾多の至難があった。この独立に大きく寄与したのが、一九九九年六月に派遣された国連東ティモール派遣団だった。当初その政務官として勤務し、その後報道官代行、そして副報道官を兼ねて難局を乗り越えることになった。この仕事も個人としての役割が歴史の中に刻み込まれた出来事であった。

国連に入って最初に従事したフィールド活動が南部アフリカにあるナミビアの独立移行支援だった。ナミビアは、植民地時代は南西アフリカと呼ばれ、当初ドイツの植民地となったが、第一次世界大戦でドイツが敗れたため、国連連盟のマンデート制度の下、南アフリカの統治下に置かれた。しかし、第二次世界大戦後、南アフリカはこの地を国連の統治下に置くことを拒否し、アパルトヘイトという人種隔離政策を適用したため国際社会の反発を集め、国連が長年独立を目指して関与してきたところである。冷戦が終わる過程で南アフリカはナミビアの独立を認め、その移行に国連が全面的に監視することになった。それまでの国連平和維持活動（ＰＫＯ）とは違い、大規模な文民部門をも必要とする監視活動であった。その選挙監視要員として派遣されたのである。この活動は私の国連観を変え、以後国連人生を歩む上での基礎となった貴重な経験であるが、このＰＫＯに参加したほとんどの国連職員も、これは最良のフィールド活動であったと今でも語り合っている。

一九九四年末から四年半にわたり事務総長報道官室で勤務することになった。日本人職員として報道官室に入ったのは私が最初であった。国連事務総長には報道官がおり、事務総長の立場や見解を事務総長に代わって表明する極めて重要な職務である。ちょうどボスニアでの戦争が続き、ルワンダでの大量虐殺（ジェノサイド）があった半年後のことだった。また、ここでの在職中には、イラクではイラクのクウェート侵攻・併合後課された全面的経済制裁の影響で一般の人々が苦しむ中、救済策としていわゆる「石油と食糧交換計画」が立案、実施され、北朝鮮では一九九六年から三年にわたり食糧難となり、コソボでは懸念された内戦が勃発し、一九九九年には北大西洋条約機構（NATO）が国連安保理の承認なく軍事介入する事件が起きた。その他にも旧ユーゴスラビアでの戦争終結に向けた動きがいくつもあり、アンゴラでは内戦が続き、中東では和平に向けた動きがみられたが、結局難局を打開するまでにはいかなかった。

この著書の中では、私の国連に入るまでの経緯から説明し、国連に入ってから退官するまでの国連人生を節目毎に書いてみた。歴史と共に生き、その変遷にあわせて生きてきた姿が描かれているが、それは私個人の国連人生を全てカバーしたものではなく、また、国連の一断面を描いたにしか過ぎない。しかし、一人の国連に生きた物語を通じて少しでも国連を身近に感じ、理解を深めていただければ幸いである。

植木安弘

第一章 国連キャリア――冷戦時代

国連への道

人生には意図して目的地に辿りつく場合と偶然の連続で目的地に着く場合とがある。国連という国際機関で働いてみたいと思っている学生や社会人には、できるだけ早いうちに目標を定め、それに向かって準備することが大事だ、と言っているのだが、私自身の人生を振り返ってみると、偶然の連続であったように思う。しかし、この場合の偶然というのはただ待っていれば来るというものではない。偶然との出会いを生かし切るそれまでの努力、地盤の形成というのが必要になる。その上に立って初めて偶然がもたらす意味が掴め、新たな目標に向かって前進していくのである。

国連への道には実はいろいろな方法がある。国連事務局のように若いころ競争試験で入る方法もあ

ニューヨークの国連本部［国連フォト #64286］

れば、空席に応募して入る方法もある。このような入り方がある意味では正攻法で、正面玄関から入るようなものである。しかし、入口は横にも裏にもある。意外と隠れたところにもある。

ＰＫＯで知られる国連の平和維持活動のようにいわゆるフィールド（現地）での活動を中心としたものは、まずロスターと呼ばれる登録制度に載せてもらうための試験や面接を受ける。載せてもらってすぐ職（ポスト）に就けるのではなく、空席ができた時に、ロスターに載っていればいつでも採用されうるということである。実際に採用される時には新たに現地の関係者から面接を受けることが多いが、その時でも自分をかなり売り込まなければならない。一筋縄では必ずしもいかないところに国連の難しさがある。このフィールドポストへの応募の仕方などはあまり知られていない。

若い人の場合、政府が資金を提供し国連に二年程度送り込むＪＰＯ制度がある。ＪＰＯというのはジュニア・プロフェッショナル・オフィサーの略で、手持ち弁当の形で国連での経験を積むのだが、国連の専門機関などの場合は、このＪＰＯ制度で認められると正規の職員になる可能性が出てくる。実際、現在国連・国連機関で働いている日本人職員の四割以上がこのＪＰＯ経験者である。

国連や専門機関の場合、上級ポストは「政治任命」される場合が多く、政府の後押しが必要となる。事務総長の場合は安全保障理事会の勧告の下に総会が任命することになっているので、通常選挙で選ばれるが、その下の副事務総長、事務次長、事務次長補といったポストは事務総長のような機関の長が任命するので、各国のポスト争いの具になる。政治任命でも国際公務員となるので、任命された後は自国の政府のために働くわけではないが、政府の思惑が反映されなくもないというのが現実である。

国連でもある程度そうだが、専門機関の場合政府からの出向者が多い。例えば、財務省から世界銀行（世銀）や国際通貨基金（ＩＭＦ）などへ派遣される場合である。そのような場合には数年の単位で派遣されることが多く、世襲的にポストを確保することもある。一部の人は出向後も国連機関に残り、国際公務員としてのキャリアを積むケースも多々ある。

その他にも、特殊なスキルを必要とする場合、その分野に適した選抜方法で採用する場合も結構ある。通訳や翻訳家、ＩＴの分野や広報でもウェブやグラフィック専門家、国連の会議を即座にまとめるプレス・オフィサー、フォトグラファーといった職業は特殊の技能を必要とするためである。国連のツアーガイドなどはその職業がら独自の採用方法があり、ガイドを経験した後、「一般職員」という専門職員をサポートするポストに就いて五年働くと、競争試験の内部枠（一〇パーセント）で専門職員採用試験を受ける資格ができるため、その試験を通って専門職員になる方法もある。一般職員になるのにも、特に低いポストの場合には空席が一般公募にならないため、別な採用試験がある。

このような一般にはあまり知られていない採用方式も結構あり、ある意味では横や裏の入口から正々堂々と入ることもできるのである。

国連に入った人のキャリアを見ると、最初から国連を目指して勉強し、大学院の修士課程を経てすぐ国連に入った人は極めて少なく、ほとんどの人はさまざまな経緯を経て入っている。国連のような国際機関で働いてみたいと思っていても、すぐその道へのドアが開くということではないのである。私もその例外ではなかった。

偶然の国連入り

私が国連の門をくぐったのは二八歳の時だった。ニューヨークにあるアイビーリーグの名門校コロンビア大学の政治学部博士課程で博士論文の準備をしていた時だった。そのころは、博士号を取得した後は日本か米国で大学の先生になるのが自然な流れとみていた。私の専門はソ連（現ロシア）外交だったから、国際機関で働くことには関心があっても、到底無理だろうと感じていた。冷戦時代である。国際政治を学ぶ者にとって東側の指導的地位にあったソ連を学ぶことなくして国際政治は語れなかった時代である。

私は上智大学でロシア語を学び、国際関係論で副専攻を取得した。当時、上智大学には国際関係研究所というのが存在し、そこに優れた先生が何人もおられた。その先生方の授業を取っているうちに、自分の世界感が徐々に開いていくことに気付いた。勉強が面白い、世界がどうなっているのか学ぶのが面白い。面白いの連続だった。

当時は日本の高度経済成長がまだ続いていた。卒業したら商社などに勤めるのが一般的であった。外国語を生かし、国際舞台で活躍する、そんな雰囲気が大学時代にはあった。しかし、大学三年の終了時には、すでにロータリー奨学金でどこかの大学院修士課程に進むことが決まっていた。この奨学金も、たまたま学生寮の友人が、受けてみないかといって誘ってくれたことがきっかけだった。私は、栃木・茨城地区のロータリー奨学金に応募した。私の出身は今市市で、現在日光市になっているが、父に奨学金の話をすると、ロータリアンを通じて、今市ロータリークラブに推薦をお願いしてくれた。筆記試験と口頭試験があった。確か五人合格したが、その中で大学院志望は私一人だった。

大学四年の時には就活もせず、日本の大学院進学の準備もせず、ただ自分の好きな国際関係論の勉強をしていた。米国の大学院への下準備である。秋に願書をいくつかの大学に出し、第一志望のコロンビア大学から合格の通知がきたのが翌年の三月である。英語は第二外国語だったのである程度の勉強はしていたし、大学二年生の夏には米国のコロラド大学に語学研修に行っていた。しかし、米国人の先生から、大学院では勉強はより高度でもっと英語ができないといけない、とアドバイスを受け、春先には上智大学のインターナショナル・ディヴィジョンという現在の国際教養学部にあたる英語の学部で国際関係論の聴講をさせてもらったり、短期の英語コースを取ったりして準備を始めた。そして卒業後間もなく渡米し、コロンビア大学の夏期英語コースをまる三カ月間取った。そしてやっとレベル10という英語クラスの一番上のレベルにまで到達し、最初の学期から英語を取らずに、正規の授業を受けることができた。

しかし、問題はそれからだった。やはり大学院のレベルは高い。英語でのノートが取れなくても待ったなしだった。学部時代には英語で論文など書いたことがなかった。知り合った友達にノートを見せてもらったり、英語の先生に紹介していただいた米国人に論文を見てもらったりしたが、最初はできるだけ自分がこれまで勉強してきた科目を中心に履修した。米国の場合成績が良いと奨学金が出る。とにかく成績を上げておくことが重要だった。しかし、英語でものを考えるため、自分の知的レベル、いや表現力が一気に下がった気がした。これを元のレベルまで戻すのには相当かかった。その間の苦闘というのは外国の大学や大学院に長期留学した経験のある人ならわかるはずである。

修士課程を終えるころ、やはりロータリー奨学金で米国の大学院に留学していた大学時代の友人がニューヨークにやってきて、これから国連に務めている日本人の職員に国連の話を聞きに行くので一緒に来ないか、との誘いがあった。ニューヨークにいると国連の存在が大きい。一緒に行くことにした。その時初めて国連本部の中に入ったが、実に壮大なところだなと感じた。お会いしたのは広報局の仲地政雄さんという広報局の行政部門の課長だった。沖縄出身で、確かジャパン・タイムズで経歴を積み上げた方だった。後々、私が国連に採用される時にお世話になる人との偶然な出会いだった。

国連で働くことに関心が高まったこともあり、外務省の出先機関の日本政府国連代表部の人事担当官に面談に行ったりしたが、専門がソ連外交ということで一顧だにされなかった。ちょうどそのころ、国連大学のニューヨーク事務所に日本人の伊勢桃代さんが勤務しており、伊勢さんから、国連に入る時にはランクが高ければ高いほど良いので、博士課程に行く機会があればそれも良いのではないかとのアドバイスがあった。伊勢さんは国連や国連大学の人事部で活躍した方だ。修士課程にいるころは、政治学部の博士課程に日本人の学生が何人かいたこともあり、一つの選択としてこの博士課程に応募はしておいた。合格と同時に同大学の東アジア研究所の助手の仕事が舞い降り、授業料免除、しかも働いた分だけ給料も出るというので、迷うことなく博士課程に進学した。これが後々国連への道につながることになる。

日本の大学院と違って、コロンビア大学の場合、博士課程に入ってから授業を三年間みっちり取らされた。それから博士論文を書くための資格試験があり、これに二度落ちると追い出されるというものだった。実際、この試験に落ちた知り合いの学生も何人かいたことから、これは必至の勉強だった。しかし、修士課程で二年、博士課程で三年プラスの勉強を英語でしてくると、さすがに実力が付いた。国連に入った時仕事に全く違和感を覚えなかったことを思うと、やはりこの二十代での勉強が大きな礎となったのだとつくづく思う。私の大学での恩師が、「山は高ければ高いほど裾野は広い」「若いうちにできるだけ多くの勉強をしておけ」と言ってくれたことを今でも思い出す。

博士論文の準備をしている時に、コロンビア大学の日本研究の学者を中心として構成されていた大学セミナーの学生秘書となり、大学内外の著名人に交じって唯一の学生としてセミナーをサポートしている時に、同セミナーの理事で当時国連の広報局長をなさっていた明石康さんと知り合った。そしてある時、若い日本人の職員がうまくいかずに辞めていったので、そのポストに関心はないかとの誘いがあった。まだ競争試験が試験的にしか行われていない時代だったので、空席に応募するほかない。空席に関する情報も今のようにウェブサイトに載っているわけでもなく、なかなか外の人にはわからない時代だった。機会があればそれを掴むことをしなければならない。大学でソ連外交の専門家になると国連のような機関で働くことは難しいであろう、その逆に国連に勤務してから大学に入るのは可能ではないかと思い、応募してみることにした。こうして、一度は夢にみながらも諦めかけていた思いがけない私の国連人生が始まったのである。二八歳の時だった。

冷戦期の国連で

私が国連に入ったのはまだ冷戦時代の真っ只中であった。広報局で私の上司になるはずであったロシア人は国連に務めるロシア人の中でもナンバー2の偉い人だった。広報分野だったので、この人はソ連秘密諜報機関KGB（カー・ゲー・ベー）出身ではないかと噂された。そのようなこともあり、私はロシア語を一切出さないようにアドバイスを受けた。カウンター・スパイと見られる可能性があったからだ。そのため、国連に入ってから一〇年以上ロシア語を使う機会はなかった。さすがに、私のロシア語には錆が付いてしまった。

その代りといっては何だが、国連ではフランス語を勉強し始めた。公用語を勉強する時は無料で、期末試験に落ちた場合のみ次の学期に一五〇ドルの授業料を取られる仕組みだった。国連では公用語は六カ国語あるが、作業言語と言われるのは英語とフランス語である。どちらの言語で仕事をしても良いことになっていたから、フランス語を知っていることは時によっては有利になることもあった。ある会合に出席した時、たまたま大多数がフランス語圏の職員ということがあった。最初は英語で始まったが、お互いフランス語圏の人達とわかるとフランス語に切り替わった。誰かが英語で切り出すと今度は英語に切り替わった。そんな経験からフランス語は勉強しておいた方が良いと感じていた。また、母国語の他に二つの公用語ができると給料が一年ではなく一〇カ月にワン・ステップ上がっていくというインセンチブもあった。

ロシア人の部長の話に戻るが、この部長が出る会議に部下のロシア人職員が呼ばれもしないのによく出ていることがあったと聞いた。どうも見張られているのは部長の方らしかった。私が最初に止まり木的にお世話になった部署にも若いロシア人職員がいたが、時々顔を見せると彼のデスクの上にはいろいろな新聞が広げてあった。新聞からの情報取りであった。国連のロシア人職員は政府が管理しているニューヨーク市北部のブロンクス区にあるビルに住んでおり、毎朝毎晩、国連の一般入口の近くに止まる何の表示もない白いバスに乗って通勤していた。「不気味な集団」という感じだったが、国連本部といえども敵国で仕事をするソ連の管理体制の象徴だった。また、逃亡を防ぐといった別な意味もあった。事実当時は国連のソ連高官が米国に亡命する事件も起きていた。ソ連の国連職員の場合、彼らの国連からの給料は取り上げられ、その一部しか支払われないとのことだった。記者団の中にロシアのタス通信の記者がいたが、彼はアパートに住んでいるとのことで、このように自分の住む場所を持っている人はスパイではないかとよく憶測された。ロシア人職員は、ニューヨークから五〇マイル以遠は、米国政府の許可がないと行けないとの制約もあった。これが冷戦時代の国連の現状だった。

私のバックグランドが国際政治・関係論ということもあり、国連事務局でいえば一番適した仕事は政治安全保障理事会局（政治安保理局、現政務局と名称が変わっている）だったが、冷戦当時はこの局はロシア人がトップを占め、政治総会局（現総会会議局）のトップは米国が占める、というように、国連事務局内部も冷戦構造を反映していた。国連自体がその政治的役割を果たせる分野は少なく、政治安保理局の職員は多くが実質な仕事をしているという感じではなかった。同局の日本人職員等とランチなどを挟んで話していると、硬直した職場との印象が強く、何が何でも移りたいといった職場ではなかった。

異動する機会がなかったわけではない。国連に入って数年経ったころP－3の中堅レベルの政務官ポストが公募になった。このようなポストが公募になるのは当時は珍しかった。早速応募してみた。国連の政務関係者をよく知っている私の上司のレバノン人によると、選考委員会では私ともう一人図書館の女性が最後まで候補として残っているが、学歴や仕事の経験から私が選ばれる可能性が高いということだった。しかし、暫く待っても朗報が届かない。後日、公募が現局によって一旦取り消され、空席のポストですでに働いており退職が近く幹部の部下だった職員が結局そのポストに就いたということを聞いた。人情人事である。当時はこのような政治的あるいは人情人事がまかり通っていた。人事が硬直化している中で他局に移るのはそう簡単なことではなかった。フルタイムの仕事をしながら博士論文を仕上げなければならないと思っていたので、無理に背伸びをせずにそのまま広報局に残った。

国連ガイドの指導

国連に入ってから二カ月余り自分のポストが空くのを待ったが、そこに一時的に入っていた女性職員をなかなか動かせずにいた。それを見ていた一般広報課長の遠藤隆さんという方が、国連ガイドに毎日国連の事情を説明するブリーフィング・トレーニング・オフィサーが辞めてしまい、そのポストの後任を探しているとして、私に打診してきた。広報局長の大ボス明石さんに相談したところ、それでも良いだろうということになった。ガイドのいるところは結構な大所帯である。ブリーフィング・トレーニング・オフィサーがいないと仕事に支障がでる可能性がある。ということで早速このポストのオファーを受諾した。

国連ガイドは優秀である。学士号を持ち、二カ国語ができるというのが条件である。しかも、一般の人々を国連内で案内するため、国連総会とか安全保障理事会といった国連の主要機関の活動を日々理解し説明できなければならない。そのため、ガイドには国連の知識を持ったオフィサーが毎朝その

1983年生国連ガイドを訓練する。左から2人目が筆者
[国連フォト #103095/Milton Grant]

日の国連の活動を説明し、各種の質問に答えられるよう国連の知識を植え込むのである。当時は四〇人の規模で、春の交代期にはさらに二〇人増える。世界中から集まった混成部隊だが、美人が多いことでも知られていた。一九七〇代末から男性も受け入れられていた。もっともこのころは数人程度だった。この仕事は、大学院で国際政治・国際関係論の勉強をしてきた私にとっては、まさに天からの贈り物で、自分の専門領域の知識を駆使できる仕事だった。毎日一二時から開催される事務総長報道官による定例記者会見に出席し、国連内外の政治状況を把握した。国連全体の活動を知るうえでは極めて有益なポストだった。

当時、国連ガイドは三カ月の訓練期間を経た後二年間の任期がもらえた。毎日最大五回行うガイドツアーの仕事は同じことの繰り返しが多いため、二年くらいすると熱が冷めるとの配慮だったのだろう。これが昔からの慣行だったが、スウェーデンのガイドを中心に、一部のガイド達がこのような制限は差別的だと反旗を翻した。私が二年目のことだった。私はガイドの経験がなく入ったので、特に任期には拘ってはいなかったが、ガイド達は国連の職員組合を巻き込んで圧力をかけてきた。「国連の顔」とも見られてきたガイド達は遂に実力行使に出た。国連職員は国際公務員であるため、ストライキの権限はなかったが、一斉に有給休暇を取ることによって揺さぶりをかけてきたのである。ガイド達の仕事の評価のため一般客に紛れてツアーに参加することもあったため、私もボランティアでガイドをすることにした。通常一時間のツアーだが、これを四五分に短縮した。ある日は七回ツアーをすることになり、何と一日のツアー回数の記録を立ててしまった。これは恐らく最長不倒だろう。

結局ガイドの任期制限はその後撤廃されたが、ガイドツアーは収入で費用を捻出する制度を採用していたので、当時でもすでに赤字経営となっていた。全盛期には年間で一〇〇万人規模のガイドツアーを取る客がいたが、その数は徐々に減少して、一九八〇年代には全盛期の約半分以下になっていた。当然ガイドツアーのあり方にメスが入り、その後契約の形態もフルタイムからパートタイムに代わっていった。ガイドのストライキを指導したスウェーデンのガイドは、任期が終わった後国連に残らず別の道を選んだ。一体何のためにストライキまでしたのだろうかと不思議だった。

広報局日本人職員「最盛期」

一般広報課長の遠藤さんはNHK出身で、国連では一九七四年国連ラジオ放送がヴォイス・オブ・アメリカ（VOA）の短波放送を通じて日本語でも流されることになったため雇われ、その後一般広報課長に転身したのであった。日本語放送はアシスタントだった別な日本人女性によって引き継がれたが、VOA側がそれまで無料で提供していた時間を有料にしようとしたため一九八五年にたち切れとなってしまった。現在では、国連ラジオは国連のホームページを通じてインターネットでも流れており、国連の六カ国公用語の他に、ポルトガル語やスワヒリ語など五カ国語でも放送されていることから、日本語でも放送できるようにすると良いのではないか。

私が入ったころの広報局には日本人職員が多くいた。日本人の「最盛期」といっても過言ではなかった。本部だけでも、明石さんを筆頭に、仲地さん、遠藤さん、そして経済社会広報部（DESI）には外交官と結婚して日本国籍になった元米国人女性がおり、プレス・オフィサーという国連の会議でプレス・リリースなどを書く専門職やラジオ部門にも日本人女性がいた。ガイドの中にも一人日本人女性がいたし、世界各地にある国連広報センターの所長ポストにも日本人職員が数人いた。

当時、私のように「一本釣り」的に採用されるケースもあったが、実はもう一つ定着した採用経路があった。それは、東京の国連広報センターの所長補佐（後に現地広報官、副所長の肩書が与えられた）を経験してから本部やフィールドのポストに転身する方法であった。所長は外国籍の国連職員だったたため、その補佐には日本人が必要であった。所長補佐ポストは出向の形を取っており、当初は外務省関係者が務めていたが、一九六〇年代からジャーナリスト出身者が占めるようになった。

一九八〇年代には、このような経路で国連に入った人が多くおり、遠藤さん、仲地さんに加えて、国連本部からジュネーブの国連事務所広報部に移った吉田康彦さん、パプアニューギニアのポートモレスビーやユーゴスラビアのベオグラードで国連広報センター所長をしていた小田信昭さん、バングラデシュのダッカやインドネシアのジャカルタにある国連広報センターで所長をしていた宇野尚志さん、東京の副所長には後に国連人口基金（UNFPA）やコソボの国連派遣団（UNMIK）で広報官を務めた中村恭一さんなどがおられた。東京の広報センターにはその他にもサポート職員が何名もいたので、あわせると結構な数が国連広報局に勤務していたことになる。しかも課長クラスのポストの人が多かった。

東京の国連広報センターの所長補佐のポストは、P－4という課長補佐レベルのポストになり国際職員の扱いを受けたため、国連本部やフィールドでの正規ポストに移動することができたが、一九九〇年代後半に緊縮財政のため、現地採用でその国限定の「ナショナル・ポスト」の扱いを受けるようになった。そのため、他の正規専門職員ポストに応募する時には外部からの応募者扱いになってしまい、以前のような「登竜門」的機能を果たさなくなってしまった。また、世代交代で部長、課長レベルの日本人職員が徐々に異動や定年退職していく中で、日本のプレゼンスはだんだん薄くなっていってしまった。二〇一六年の時点で、広報局本部には日本人の専門職員は五人くらいしかおらず、世界各国の国連広報センターで所長をしている日本人は東京の国連広報センター所長一人になってしまった。

人事管理を学ぶ

さて、私のキャリアの話に戻るが、一年半ほどブリーフィング・トレーニング・オフィサーの仕事をした後一般広報係長になった。そのポストに務めていた米国人の女性が六〇歳で定年退職したのである。一つ上のランクで早い昇進が見込めたこともあるが、ガイドのブリーフィングも一年半ほどやるとルーティーン（マンネリ化）になってくる。新たな仕事に挑戦する機会だった。一般広報係は国連に情報を取りにくる人達への対応をするところである。ガイドが答えられないような質問にはこの部署で対応する。一般の人から事務総長宛に来る多くの書簡も私のところに回ってきた。事務総長に代わり返事をする役目もした。

この一般広報係で学んだことの一つに職員のマネージメントがあった。係長の私は実はここで一番若かった。まだ三〇歳だった。前任者の半分の年齢である。他の職員からは「若造」と見られていたに違いない。しかし、局長も課長も日本人である。そう簡単には反発できない図式があった。また、この部署はガイド室の隣であったこともあり、すでに職員には顔馴染だった。まずそれぞれの職員をよく知ることから仕事が始まった。ここには私のブリーフィング・トレーニング・オフィサーの前任者でその仕事がうまくできずに外され、他の部署にも移れないため配属されていたジュニアの米国人専門職員がいた。温厚で人柄も悪くはなかったが、前職でも現職でもあまり人付き合いが上手でなく、また、他の人達から距離を置かれていた。現地雇いの一般職員で一番の年長者は五〇歳くらいのアフガン人で米国に移住していた女性だった。その下に米国人が二人、フィリピン人が一人、アルゼンチン人が一人だった。

この部署ですぐわかったことは職員がお互いを嫌っていることだった。みな仕事をする能力はあったが、暇に任せてつばぜり合いをしている。特に口の悪いのはアフガン人女性だった。他の職員の悪口ばかり言っている。ある時私の部屋に来て、「アフガン人は〝vicious〟（たちの悪い、極悪といった意味）だ」と冗談半分に言っていたが、それを地でいくようなところもあった。彼女は他のアフガン人のことを言ったつもりだったのだろうが。

私の結論は、この部署は仕事の割には職員数が多すぎる、そして職員の異動がないのが原因ということであった。そこでまず、渉外部のアルゼンチンの副部長が、部下がいないため助けを求めてきた時に、自分の部署のアルゼンチンの女性職員を一時的に貸し出すということで彼のオフィスに送り、人減らしをした。別な職員が離れた時には、ガイド経験者で信頼のおける職員を採用した。国連の場合定期的人事異動がないため、ポストに空席が生じた時に動いていく。一つの部署で長年働く人も多いことから、士気が下がることも多かった。こうして、適正規模と人事交代で何とか落ち着きを取り戻した。しかし、ここまで落ち着くには数年かかった。

ガイド科や一般広報室にいる時判断を間違ったと思ったことがあった。それは勤務評定を巡る問題である。ガイド係長はフランス人の女性であったが、ガイドの経験もなく、国際的な知識や経験もあまりない人だった。そのため、私の仕事に介入したり、あるいは逆にアドバイスをすることもなかった。ところが、私が一般広報室のポストに異動してから、ブリーフィング・トレーニング・オフィサーとしての勤務評定に関し、5段階のうち4を出したのだ。5が優秀で、その次だというのだ。当時はほとんどの職員が5という中で4を貰うことに私は憤りを感じてしまった。二年にわたりガイドを養成し、毎日質の高いブリーフィングを行い、シフトで平日来られないガイドのためにブリーフィングの要旨を紙に書いてボードに貼るといった新たな試みも行っていた。ガイド達からはすこぶる評判が良かったが、この上司はそのような努力を理解していないのではないかとの不満である。また、当時の慣行として、次の職場での評価は前の職場での評価をあまり崩さないことが多かったので、一度4のレッテルを張られてしまうとその後も同様の評価になってしまうのではないかとの懸念もあった。直ぐ異論(リバッタル)を申し出た。局の方では勤務評定審査委員会を設置し関係者から事情を徴取して審査を行ったが、4ではあるが勤務評定には何ら悪いことは書いておらずということで、結局係長と私の間の勤務評定に関するコミュニケーションが不充分だったということで収まってしまった。この異論申し立てでこの上司との関係が完全に崩れてしまった。この上司は間もなく国連を離職したが、私にとっても良いことはなかった。

若いころには時には実直になり過ぎることがある。特に自分の勤務がよく評価されていないと思った時や悪い評価を受けた時などは、自分が正しく上司が悪いと思いこんでしまう人も多い。後に私も勤務評定審査委員会で若い職員からの評価異議申し立てを審査したことがあるが、低いと思った評価は自分の人格を否定されたように受け取ってしまうことが多い。そして感情的に反発してしまうのである。私も当時そのような「若気の至り」があったのかも知れない。私の場合、勤務評定は悪かったわけではなかったので、異議申し立てなどしなくても良かったのではないかと後で反省した。「波立てて残るものなし」だったのである。国連の場合、低い評価の場合を除いては、その後の昇進やポストの異動に紙上での勤務評定はほとんど関係がない。仕事ができるとか信頼できるとかといった評判がむしろ人物評価の基本になる。人と摩擦を起こす人は敬遠される。問題児として見られてしまうからである。私のこの若気の至りから学ぶことが多かった。もっと「大きな人間」にならないといけないと思った。

国連の勤務評定のあり方はその後何度か変わり、今では4段階評価となっている。⑴作業計画以上の成果を上げる、⑵作業計画通りの仕事をする、⑶作業計画は一部しか達成していない、⑷作業計画を全く達成していない、の4段階である。計画通りに仕事をしていれば職を追われることはなく、ほとんどの職員はこの評価を受けることが期待されている。普通以下の評定を受けた時には異議申し立てをする権利が職員に与えられている。二度この評価を受け、改善努力が見られない時には契約を切られる。そのため、職員の職業意識が向上されることが期待されている。しかし、この異議申し立て制度にも問題がないわけではない。上司からみると、異議申し立てが出されると、評定の仕方に関してもメスが入り、評価の正当性を証明するのに結構な時間がかかるのである。また、職員との関係も悪くなる。職員の能力に問題があっても、マイナスの面を考えると、そう簡単にはマイナス評価を出しにくくなる。また、職員側も、すぐ上司の評価に異議をとなえる傾向が強くなる。国連では人を辞めさせることは相変わらず至難の業なのである。

開発関係の広報へ

一九八六年には明石さんが軍縮局長に転身し、間もなく遠藤課長も退官した。先延ばししていた博士論文もようやくのことで書き上げ、博士号を取得した。当初予想されたキャリアと大分異なる道を歩み始めたこともあり、もう少し実質的な問題に関与しようと次のポストを探し始めた。

暫くしてから開発人権課のポストが空いた。院生時代には副専攻が国際政治経済で、国際経済協力問題にもある程度精通していたため、このポストに応募し採用された。当時は広報分野で国際政治のバックグランドを持っていたり、国際経済問題に精通している職員は少なかった。新しい課では主に開発分野の広報を担当することになった。

新しい課に移ってから間もなくアフリカのナミビアに行くことになるが、その前後の仕事で大きな出来事は、一九九〇年に国連本部で開催された国際経済協力に関する特別総会だった。国連総会で多数を握る途上国は一九七〇年代にアラブ諸国のオイルパワーをベースに国連内でも徐々に力を付け、先進国の築いた世界秩序に対抗すべく新世界経済秩序や新世界情報秩序を要求し、いわゆる「南北問題」を引き起こしていたが、一九八〇年代になると途上国が経済の急速な発展のために先進国や世銀、国際通貨基金（ＩＭＦ）などから借りていた多額の資金の返済が経済停滞のために滞り、「債務返済問題」（debt crisis）が大きな焦点となっていた。先進国などは途上国の構造調整を要求し、途上国の抵抗を受けたが、南北の利害を調整することが世界経済の課題となっていた。そのための特別総会だった。私の役割は主に特別総会の主要議題に関する広報資料を作成することだった。

国連で経済問題を担当しているのは経済社会局である。この局には広報部門はないため、広報局が相当程度広報面での支援をすることになっていた。特別総会の次の仕事は、この経済社会局の目玉と言われていた国際経済に関する年次報告書「世界経済報告書」の広報であった。毎年七月に開催される経済社会理事会の年次会合に提出される国連の基本文書で、この報告書の世界経済の分析が各国の国連を通じた国際経済問題への一つの指標となるものだった。

この広報戦略に考えたのが、分厚い原稿をできるだけ早く経済担当の記者に届けることだった。複雑な経済分析は誰でもすぐに記事が書けるというものでもない。プレス用の広報資料を作成することはもちろんだが、広報資料だけではあまり中身のある記事は期待できない。そこで一番に目を付けたのが、国連の外交官や職員で一番読まれているニューヨーク・タイムスの経済担当記者にアプローチすることだった。この記者は原稿ができた六月上旬にはメイン州にいるとのことだったので、特別便で郵送した。七月に経済社会理事会が開催されたが、その日のニューヨーク・タイムス紙には大きな記事も出ず、少しがっかりした。ところが、その週末のウィーク・イン・レビューの経済面のトップどころか一面全ページを使って国連の報告書の内容が紹介されているではないか。このような大々的な紹介は初めてだった。これとあわせて、世界各国の国連広報センターに依頼して国連報告書に関する記事を集めた。世界的に見ると相当引用されていることがわかった。これらを総合して報告書にまとめ、経済社会局に提出した。

後日談だが、それから数年して、経済社会局に新しい局長が就任し局の活動をレビューした時、世界経済報告書は労力の割にはあまり効果がないのではないかと言って廃止の動きをみせたが、報告書の担当部の方で私の報告書を見せ、その価値とインパクトの大きさが実証されていると主張してこの見解を撤回させたと聞いた。成果が表れた時にはこのように記録に残しておくと後で役に立つものである。この報告書は、名称は変わっているものの、現在でも毎年発行されている。

一九九二年にはコロンビアのカルタヘナで開催された第八回国連貿易開発会議（UNCTAD VIII）を担当し、そのプロジェクト・マネージャーになった。この時には明石さんの後任にカナダの広告会社出身のテレーズ・パケ・セヴィニー女史が広報局長をしていた。セヴィニーは広報の仕事に「プロジェクト・マネージメント」という民間企業の手法を国連に取り入れ、広報を活性化しようとしていた。これは、それぞれの広報キャンペーンや大イベントに統括マネージャーを任命し、その人を中心にテレビやラジオからメディア対策、広報資料の作成や配布、アウトリーチまでを行うというアプローチだ。縦割りの組織に横断的なマネージメントを取り入れようとする試みだった。このアプローチに関しては、ランクの低いマネージャーが他の部署の上の人達までも統括することになったため、必ずしも歓迎されたものではなかったが、カルタヘナでの会議は私にとっては大きな仕事となった。

私はまだ中堅職員だったが、うまくいった大きな要因はプレス・リリースを作成するプレス部門やテレビ部門、メディア対策部門のチーフなどと良い職場関係が築かれていたことと、それぞれの部門はみな経験豊かな職員が多かったので責任者に仕事は任せ、私は統括マネージャーとして「トラブル・シューター」の役割に徹したことだった。

もう一つ大きな仕事が転がってきた。一九九〇年代が最初の防災一〇年と宣言された時にその担当を任せられたことだ。防災はそれまでの国連の経済社会問題に取り上げられていなかったため、広報局内でも特別な担当部署がなかったのである。「棚からぼた餅」ではないが、防災は日本でも重要な関心事項であり、日本も防災一〇年の推進役だった。広報局内でもうまく日本人のところに転がってきたのである。防災一〇年を広報面でどのように支援するか、ジュネーブやグアテマラで開催された防災の専門家会合などにも出席を要請された。広報の重要性を認識してもらうことが重要だった。グアテマラの会議では五日間の会議の最中に地震に見舞われ、防災の必要性をみな肌で感じたものだ。広報戦略やポスターなどのヴィジュアルなものも含め広報資料の作成などに関与した。

第二章

アフリカの果て ナミビアへの派遣

冷戦の終焉と新たな時代の幕開け

冷戦時代が終焉に向かう中、国連も、そして私の国連人生も大きく転換していくことになる。一九八八年ソ連がアフガニスタンからの撤退に国連を活用することになったが、その撤退を見届ける国連PKOの政務官として志村尚子さんが活躍した。日本人の女性でこれだけ重要な役目を果たす志村さんは国際公務員の模範のような方だった。志村さんは特別政務局といって、国連のPKO活動を政治的にサポートする部署で働いていたが、それぞれのPKOで政務官は一人といった狭き門だった。冷戦中であったため、国連のPKOは長期的な平和維持に使われ、当時は比較的注目を集めない存在だった。

翌年、アフリカのナミビア（旧南西アフリカ）で独立のための移行支援に国連が大きな役割を果たすことになった。このナミビアでの国連の活動が、その後第二世代のＰＫＯと言われる軍事部門と文民部門の双方が共に活動を行うＰＫＯの模範となった。このナミビアのＰＫＯは国連にとっても、私のような文民職員にとっても大きな成果となった。フィールドでの活動は、国連の現場での真の役割を実感するものであった。その経験は私の国連観も変え、新たな時代における国連の役割の変化とともに、そこで働く人々の意識の変化にも大きな影響を与えた。ナミビアは一九九〇年三月に独立した。

ナミビアの国と人々

アフリカ大陸の南部大西洋に面するナミビアは以前南西アフリカとも呼ばれた。アフリカ大陸南部の大西洋に面した地域からそう呼ばれるようになったが、この地域はヨーロッパ列強の植民地化を一九世紀末まで逃れていた。というのは、大西洋の北部沿岸は海が荒く船が座礁することで知られており、中南部の海岸から内陸に入るとすぐナミブ砂漠が待ち構えている。東端からはカラハリ砂漠が始まる。四月から一〇月にかけてはほとん

ナミビア

ど雨が降らず、一一月から三月にかけても雨はまばらである。年間の平均降雨量は僅か五〇センチである。野菜を作ることさえできないほど乾いた土地だ。ただ、北部のアンゴラと国境を接するオヴァンボ地区やザンビアと国境を接するキャプリビ地区に行くと雨量も多く亜熱帯気候となる。このようにナミビアの厳しい自然環境のために長年ヨーロッパ列強には目も向けられなかったが、後発植民国のドイツが一八八四年に植民地化した。例外はナミビア唯一の港があるワルビス湾で、ここはイギリスが支配していた。

ナミビアはその厳しい自然環境のために、そこに住む住民は長年主に狩猟や牛、ヒツジなどを飼って生計を立てていた。多民族地域で、北部のオヴァンボ族が人口の約半分を占める。その他にはカヴァンゴ族やヘレロ族、ダマラ族、ブッシュマンなど一〇を超える土着民族がいる。

ドイツの植民地から南ア統治へ

第一次世界大戦でドイツが敗れる中、一九一五年には南アフリカが南西アフリカを占領した。そして、戦後、国際連盟によって新に新設されたマンデート・システムの下で委任統治領となった。委任統治とは敗戦国の統治していた領土を分割して自国領に編入してしまうのではなく、そこの住民の利益を保護、推進するために連盟の加盟国に統治を一時的に委任するものである。南太平洋の旧ドイツ植民地は日本が委任統治を受けている。南アフリカは国連連盟創立に寄与した国の一つであった。

南ア対国連

第二次世界大戦を背景に生まれた国連では、新たに信託統治理事会が主要機関の一つとして設置され、連盟時代の委任統治地域も信託統治理事会の権限の下に置かれることになったが、南アフリカはこれを受け入れず、一九四八年には南アフリカの行政区として編入してしまった。そして、一九四八年自国で制定した人種隔離政策（アパルトヘイト）を一九六六年に南西アフリカにも導入した。

このような動きを背景に、一九六六年総会は南アフリカの委任統治を剥奪し、南西アフリカを国連の権限の下に置く決議を採択した。と同時に、独立運動を始めていた南西アフリカ人民機構（ＳＷＡＰＯ）が武装闘争に入った。総会は一九六八年南西アフリカをナミビアと名称変更した。一九七六年には安保理が決議三八五号を採択し、自由で公正な民主選挙を国連監視の下に行うよう要求した。この決議を受け、米国、イギリス、フランス、ドイツ、カナダの当時の安保理五カ国が「コンタクト・グループ」を結成し、南アフリカやＳＷＡＰＯ、そして地域の関係国や国連ナミビアコミッショナーなどと協議した結果、「解決案」が叩き出された。

事務総長は一九七八年安保理決議四三一号で要請された事務総長特別代表にフィンランドのマルティ・アーティサーリ（後にフィンランド大統領となる）を任命し、ナミビア問題解決案の履行計画をまとめた。安保理は同年決議四三五号を採択し、この履行計画を承認した。こうしてナミビアの独立移行への準備はできたが、キューバのアンゴラ内戦への派兵問題などで問題が拗れた。南アフリカがキューバのアンゴラからの撤退を要求してナミビア問題と連結させたのである。その後、米国やソ連の仲介もあり、一九八八年キューバのアンゴラからの暫時撤退の合意と国連の撤退監視団の設立合意を受けてナミビア問題が前進し、一九八九年四月一日からの独立移行に関する合意が生まれた。一九八九年一月の安保理決議六二九号でこの独立移行開始日が承認された。

独立への移行

ナミビア独立移行のために、国連ナミビア独立移行支援グループ（ＵＮＴＡＧ）が結成された。ＵＮＴＡＧは冷戦後の新たな形の国連ＰＫＯを代表する例となる。それまでの国連ＰＫＯは軍事部門を柱とする活動で、文民職員は軍事部門を支える役割を果たしていた。ところが、ナミビアは独立を達成するためのＰＫＯで、文民部門に大きな役割が与えられた。最終的には自由で民主的な制憲議会選挙を行い、新たな国家の基本法である憲法を採択して独立するのである。そのためには、停戦監視などの軍事的任務の他に、難民の帰還を促進し、人権を監視し、選挙人を確定して制憲議会選挙に臨む。そして、制憲議会で新憲法を制定する際にも国連の支援が必要だった。

ＵＮＴＡＧは選挙時には総勢八、〇〇〇人規模の派遣団となった。部隊が約四、五〇〇人、文民警察が一、五〇〇人、文民が約二、〇〇〇人である。部隊と文民警察は各国から派遣され、さらに、国連職員だけでは選挙監視に十分な数の職員が送れないため、選挙時には各国から一、〇〇〇人を超える選挙監視要員が派遣された。独立への移行が始まった一九八九年四月一日にはまだ停戦が完全に成立していなかったこともあり遅れが生じたが、五月に入ってから本格的な作業が開始された。

ナミビアへ

ナミビアの独立のための制憲議会選挙監視は多くの文民を必要とした。そして、先ず有権者登録監視作業に国連事務局職員が当たることになった。総勢一八〇人。ちょうどこのころ広報局の開発・人権課に勤務していた私は、選挙監視というこれまで事務局職員にはあまり機会のなかったフィールドでの政治的業務に就けることから応募した。説明会ではナミビアの国連平和維持活動（PKO）の概要や社会状況に加え、保健衛生面で必要な予防接種やマラリア対策、毒を持つ蛇などについて専門家からのブリーフィングがあった。このような南部アフリカにおけるフィールド活動には当然いろいろな危険が伴う。私の以前の同僚の女性は「危険が伴う」という説明を受けた直後「行かないことにした」とあっさり手を引いた。私はアフリカというこれまで予想さえしていなかった未知の大陸での活動に思いを馳せた。すぐに参加の手続きを採った。

実は日本人職員でナミビアの活動に参加したのは私が二人目だった。最初の日本人職員は政務局の反アパルトヘイト・センターに勤務していた島田寛吾さんだった。島田さんは当初ナミビア派遣団の任務開始の四月一日に派遣される予定だったが、反南アと見られたため、暫くビザが下りなかった。そのため現地に到着したのは六月中旬だった。島田さんは北部のカヴァンゴという地区に送られ、そこで地区事務所長になった。選挙監視そのものの仕事ではなかった。

私がニューヨークを出発したのは六月二〇日だった。その直前、「ヨーロッパ経由の飛行便は満杯なのでザンビア航空で行ける人はいないか」との知らせが回った。あまり聞いたことのない航空会社だったが、誰かが乗らなければならないだろう、と思い手を挙げた。結局八人がザンビア経由で行くことになった。前日に国連が海外旅行の手続きに使っている国連事務局ビル内にオフィスを構えるアメリカン・エキスプレスに赴き、「次の日の出発だが心配ない」と判を押され、翌日ＪＦＫ国際空港に赴いた。これが苦難連続の旅になるだろうなどとは全く思いもよらなかった。

ＪＦＫ国際空港の出発ターミナルに着いてザンビア航空のサインを探した。しかし見つからない。ターミナルビルを何度も往復し外にかかっているサインをチェックしたが見つからない。諦めかかったところ、どこかの航空会社のサインのすぐ横に小さな字で「ザンビア航空」と書いてあるサインを見つけた。急いで中に入るとすでに知り合いの何人かの国連職員の顔が見えた。早速チェックインしたが、我々の予約が入っていないと言う。アメリカン・エキスプレスで前日に予約を完了したと予約の用紙を見せると、申し訳なさそうに、「ビジネスクラスはあと二席しかない」との返事が返ってきた。その代わりに残りはファーストクラスにすると言う。みんなで相談した結果、二人がビジネスクラスにボランティアした。私は初めてのファーストクラスでの飛行に胸がわくわくしたが、一二時発の飛行機の搭乗のアナウンスがなかなか聞こえない。三時まで待ってもないので、ある職員が航空会社に電話したところ、もうすでに搭乗が始まっているとのことだ。慌てて駆け足で搭乗口まで行って飛び乗ったが、結局飛行機は四時まで飛ばなかった。

大西洋横断は夜行となったが、最初に着陸したのはリベリアの首都郊外にあるモンロビア空港だった。朝四時。給油のためだった。アフリカ大陸の最初の経験はこうして闇の中だった。間もなく離陸し、再度闇の中の飛行を続けた。出発が四時間遅れたため、ザンビアの首都ルサカに到着した時には午後三時発のナミビアへの乗継機はすでに出てしまっていた。結局その晩はルサカ郊外のホテルに一泊することになった。ここは五つ星の一級ホテルだが、各階には小銃を持った兵士らしい警備員が椅子に座って出入りするゲストを遠くからチェックしていた。「ああ、これがアフリカか」と身の安全に対する警護の必要性を強く感じた。

次の日空港に行ってもまともな飛行機の姿はなかった。航空会社の関係者は「心配するな」と慰めてくれたが、半日待ってやっと飛行機が着いたという。勇んで乗り込むと乗務員が「この飛行機はナミビア行きではなく、ボツワナ経由でスワジランドまで行く」と言う。よく見ると、この飛行機はロイヤル・スワジ航空だった。南アフリカとモザンビークに囲まれた小さな内陸国のスワジランドは王様のいる国なのか、と新たな認識をした。「ボツワナからナミビアまで別な飛行機で行ける」との説明があったので、そのままボツワナの首都ガバロネまで飛んだ。

ガバロネの空港に着くと、また、まともな飛行機は見当たらなかった。何時間か待った後、航空会社の人が我々八人を二グループに分けないといけないと言ってきた。ナミビアの首都ウィンドフック行きの飛行機は一六人乗りの小型飛行機で四席しか空席がない。残った四人は南アの輸送機で運ばれることになった。私は小型機に乗ったが、プロペラ機で空圧調整ができないという。低空飛行をしなければならない。最初のうちは天候も穏やかで低空のため地上を走り回る動物達も見え空の旅を満喫していたが、ナミビアに入ると次第に揺れがひどくなってきた。首都のウィンドフックは海抜一、六〇〇メートルの高地にある。「ウィンド」（風）という名前が付いていることからわかるように強い風が吹くところである。低空飛行ではあっても高地に近づくと揺れがさらにひどくなり、吐き気をもよおしてきた。席の前にはそのような事態に備えて袋が置いてあった。着陸した時には真っ青であった。

ナミビアは四月ごろから一〇月ごろまで雨が全く降らない。宿泊先のサファリ・ホテルに着いた後、疲れを取る意味もあって軽いジョッギングに出た途端、鼻と喉が急にカラカラとなった。水を持って出なかったためジョッギングどころではない。すぐにホテルに引き返した。

日本人職員の事故死

有権者登録監視のトレーニングは六月二四日から始まった。選挙人資格は一八歳以上。ナミビア人と証明できる人には国の内外で選挙権が与えられた。総数は七〇万人を超えると想定された。数的には多くないが、ドイツとフランスをあわせたくらいの国土に散らばっている。登録作業は指定された登録所と移動チームで行われることになった。私はウィンドフックから約二〇〇キロ東に位置するゴバビスという町に配属となった。二日間のトレーニングが終わった後すぐ出発の準備に取りかかった。

そのころ、最後の選挙監視要員グループが遅れてジュネーブから到着し、その中にもう一人の日本人職員がいたことは数日後まで知らなかった。しかも、そのニュースは朗報ではなかった。この方はジュネーブの国連人権センターに勤務していた久保田洋君で、北部のオヴァンボ地区に配属されたが、車で移動中に交通事故にあって死亡したというのである。ウィンドフックからオヴァンボ地区まで約一、〇〇〇キロある。それを一日で移動しようとしたらしい。国連チームは通常移動する時には隊列（コンヴォイ）を組んでいく。オヴァンボ・チームは人数も多かったためゆっくり移動し、チームは途中のオシャカティで一泊することにしたのだが、先頭を走っていた二台は連絡が取れないまま一気にオヴァンボ地区まで走行したというのだ。

オヴァンボ地区は対南アゲリラの本拠地で、統治していた南ア政府もあまりインフラなどに投資をしていなかった。道路もそれまでの整備された道路ではなく、舗装はされているものの、道路の両側は大地との間に二〇センチ程度のギャップがあり、高速で逸れると車が転倒する可能性もあった。もう一台に乗っていた知り合いの職員が後日教えてくれたことだが、オヴァンボ地区に入ったのは夕方七時過ぎで、すでに暗くなっていた。道路沿いには電燈もなく、車のヘッドライトだけで走行していたが、現地のアフリカ人（黒人）が頻繁に道路を横断しており、高速で走っていた先頭の国連車は現地人を避けようとして道路からはみ出し転倒したというのだ。そして、どうも久保田君はシートベルトをしていなかったらしい。助手席に乗っていた女性職員はシートベルトを着用していたため命は取り留めたが、久保田君はヘリコプターで近くの病院まで運ばれたものの助からなかった。日本人職員のフィールドで殉死した最初の人となってしまった。

久保田君は当時人権問題における専門家、先駆者として日本の学会でも結構知られており、ジュネーブの国連人権センターにおける唯一の日本人職員だった。将来を有望視されていただけに、日本にとっても、国連にとっても惜しい人材のロスだった。

有権者登録作業監視活動

私はナミビアでの任務を終えてから、その私記をまとめたものがある。当時の選挙人登録作業から選挙監視までのことを綴ったもので、当時の状況や雰囲気がよくわかるので、以下それに基づき概観する。私記で欠けているところは加筆する。

ナミビア・ミッション（派遣団）は、これまでの国連の非植民地化過程でのレファレンダムの監視、報告などと性格、内容、規模等でだいぶ違い、独立移行過程での全面的監督、コントロールをその任務としたため新しい形態の作業となり、かなりの試行錯誤的な形で監督業務が進められた。

有権者登録（七月三日から九月二三日）は全体としては順調に行き、南ア政府を代表する総督（Administer-General、略してＡＧ）が当初予想した六五万人程度の有権者数を上回り七〇万人を超えた。登録チームは登録所、移動チームあわせて一八〇で全土を網羅。広い国土に加え、人口希薄なので移動チームの役割が大きかった。有権者登録法が登録開始直前まで合意、公布されなかったため、現地政府側の準備も遅れ、北のオヴァンボ地区では最高一週間ほど作業開始が遅れた。このため、九月一五日が最終日とされていた登録期間が延長され、九月二三日となった。

現地政府チーム（以下ＡＧチーム）の編成は、主任一名、登録オフィサー三名（移動チームの場合）から最高一〇名程度（指定登録所の場合）までで、これに現地警察が一～二名加わった。国連（UNTAG）側は登録監視リーダーが一名、警察モニターが一名、それに現地の通訳一名の計三名だった。移動チームは移動から宿泊まですべて共同行動。場所によっても違ったが、白人の経営する農場では一応の宿泊施設を提供されたケースが多い。といっても納屋などだが。白人以外の経営する農場ではまともな宿泊施設がないところがほとんどで、キャンプ生活が主。学校や診療所に寝泊りしたチームも多い。

ゴバビス地区の場合、移動チームは月曜日の朝早く（六時ごろ）あるいは日曜日の午後遅く出発し、土曜日の午後遅く一週間の登録作業を終えて戻るというスケジュールだった。毎日電話か無線でその日の登録作業結果を地区本部に報告。登録者数は毎日まとめて地区からUNTAG本部に報告された。電話がないとか無線がうまく通じず報告を延ばすこともしばしばあった。北西のカオコランドでは三週間、拠点の町に戻らずテント生活をしたという例もある。この場合、平和維持軍の補給活動が決め手になった。カオコランドは地形も険しく、ヘリコプターを動員して登録作業を行ったチームもある。持参していたタイヤがすべてパンクしたためだということだった。オヴァンボでは、移動チームでもほとんどが毎日宿舎まで戻っていた。現地には何もないというのがその理由だった。このため、中には毎日一〇〇キロ以上通っているチームもあるのには驚いた。

カラハリ砂漠での活動

私のチームはボツワナ国境に接する地域を担当した。ゴバビスから車で一時間の辺りから始まり、ボツワナ国境沿いに南下するスケジュールだった。この辺りはカラハリ砂漠の一角だ。砂漠といってもサハラ砂漠のような砂地だけのところではなく、低い灌木や雑草が生えているところも多かった。道路は砂地で、全輪駆動型の自動車でなくては通れないところだ。タイヤは一〇センチほど砂地に埋まる。適当な登録場所を探して道路なきところを走らなければならないからだ。この時ほど全輪駆動型の自動車がいかに役立つか感じたことはなかった。

移動チームの場合、軍隊で配給される「コンバット・ラッション」と呼ばれる缶詰などの食料が入ったパッケージが支給されたが、この食糧パッケージは緊急用に取っておき、町のスーパーである程度の食糧を買って持っていくことにした。ただ、スーパーで買った食糧は長く持たず、その後は配給物に頼ったが、三日ほど食べると嫌気が差してきた。特に缶詰のコーンビーフは口に合わなかった。テント生活に必要な機材、道具、緊急医療品は支給されたが、足りないものが出てきた。例えば、鍋類で支給されたのはフライパンだけだったし、簡易の椅子などもなかった。この経験に鑑み、選挙時には自給生活に必要なものは概ね用意された。我々の場合、アイスボックスは自分たちで調達した。氷を入れるというよりは食べ物や飲み物を入れておく貯蔵庫の役割を果たした。

第一週目、ちょうどボツワナ国境に近いところでキャンプを張った時だったが、現地ＡＧチームは流石にこのようなキャンプ生活に慣れているらしい。獣医をしているという職員が大きな鍋を温め始めた。鍋の中にはヤギやボックと呼ばれる鹿に似た動物の肉などが入っていた。肉鍋のようなものだ。こちらがラッションを開けて食べていると、「来て一緒に食べないか」と誘ってくれた。それまで現地チームを監督する立場にあったためある程度の距離は保っていたが、鍋が美味しそうなのと、ある程度の仲間意識を育てるのには良いのでは、と思い、参加することにした。このことに鑑み、二週目からはビーフジャーキーやチーズ、パン、果物など比較的長持ちする食糧を増やした。ナミビアの主要都市では南アと同じでスーパーもあり食糧は豊富だったが、一旦離れると買って食べられるものはごく僅かだった。

水はプラスチックの容器三つを用意、ガソリンは小さい予備のガソリンタンクを五つ搭載して動いたが、第一週目の仕事が終わりAGチームと別れてゴバビスに帰る途中でガソリンが切れてしまった。切れたところは砂利道の道路と周りの果てしない牧場があるところでどこを見ても家も人も車も見当たらない。暫く立ち往生していると遥か彼方に砂埃が見えてきた。車が一台こちらに向かっている。止めて予備のガソリンがあるかどうか聞くと、我々は彼の農場の一角にいると言う。何と農場は一つの市くらいの大きさなのだ。自分の家まで行ってガソリンを持ってくると言って立ち去った。待っている間に予備タンクを調べるとそれぞれのタンクに幾らかのガソリンが残っていた。それを全部完全に空にしてエンジンをかけるとなんとエンジンがかかった。町まで遠くないだろうということで出発しゴバビスの近郊まで辿り着いたが、再度ガソリンが切れてしまった。幸い、別な国連チームが戻ってきたため、残っているガソリンを分けてもらった。ガソリンを搭載して走るのは実は大変危険な行為だった。事故にあってガソリンに点火すると爆発する可能性がある。しかし、他に手段がない以上仕方がないことだった。

私のチームは三人構成で、私が国連を代表する監督官でチームリーダー、文民警察はフィージー人、通訳は現地の若い青年だった。現地ＡＧチームはリーダーが南ア出身のナミビア政府役人、登録人は獣医や学校の先生など三人だった。我々が活動した地域はボツワナ国境と接する主にヘレロ族やツワナ族が居住する地域だった。ヘレロ族は体が大きく、農業を主体とする民族だ。ヤギや羊などを飼い育て売って生計を立てている。ヘレロ族で特徴的なのが女性の衣装だ。さまざまな柄の色鮮やかなもので、頭には折り紙を折ったような帽子を被る。ビクトリア女王時代の衣装をまねたらしい。植民地時代の遺産だ。アフリカでも他には見られない姿で、このような乾いた大地で想像もできない衣装だ。目を見張る。

ＡＧチームに獣医がいて助かったことがある。ある農場を訪れた時だった。国連からの訪問者を迎え、よく来てくれた、と興奮気味で、是非ヤギを一頭差し上げたいと言ってきた。ＡＧチームは断るのは失礼にあたるとアドバイスしてくれたのでいただくことにした。ＡＧチームの小型トラックに乗せたが、動物を運ぶ時には許可がいる。その許可を獣医が持っていたのだ。その日は近くの学校を借りて寝泊りすることにした。ＡＧチームの人達は動物の処理には慣れていた。ナイフ一本でヤギを見事に捌いた。キャンプファイヤーを作り、バーベキューにした。これがこの日の夕食だった。我々国連チームは教室の机を並べベッド代わりにした。床はコンクリート、外は砂地だった。砂地の場合蛇やサソリの危険がある。机の上が一番安全だった。背中が固かったが、長い一日の仕事で体はかなり疲れている。目を閉じるとすぐ睡魔が襲ってきた。

ナミビアの七月は南半球では真冬だ。北半球の一月にあたる。おまけに砂漠気候のため、夜は零下にまで下がる。最初のキャンプを張った時のことだが、ニューヨークから持ってきた寝袋に服を着たまま入って寝たが、朝方、靴下を脱いだ足先が冷たく目が覚めた。時計を見ると五時。外に出てみると、テントの上には霜がおり、白くなっていた。簡易テーブルに置いた鍋の底に溜まっていた水は氷となっていた。日中は一〇度から一五度くらいまで気温が上がったが、フィージー人の文民警察モニターは流石に寒かったらしく、車の中から監視して良いかどうか聞いてきた。常夏の南国から来ている。監視業務に問題はないと判断し許可した。

また、キャンプ中に経験したことだが、持ってきたソニーの短波ラジオのチューナーを回して局を探していると、ある番組が聞こえてきた。よく話の内容を聞いていると、女性の地位向上の話をしている。そして、「国連ラジオ放送でした」と番組の最後にアナウンスがあった。何と、国連ラジオ放送をカラハリ砂漠のど真ん中で聞くことができたのである。そのころ国連ラジオ放送はテープに取り、それを放送局に郵送して使ってもらっていた。ニューヨークでは民間のラジオでは聞いたことのない国連ラジオ放送を聞いて、あまり使われていないのではないかと思っていた放送が実は役に立っているると認識を新たにした。もう一つ感銘したのは空に浮かぶ星の数の多さだった。あたかも地球の外側に配置されているハブル望遠鏡から宇宙を望いているかのようだった。カラハリ砂漠での宇宙体験だった。

有権者登録での問題点

有権者登録のための派遣団は、UNTAG設立当初の第一次派遣団に次ぐ第二の派遣団だったが、文民職員にはそれまであまり経験のない業務だったため、いくつかの問題が生じた。まず、人員不足と時間的プレッシャーのため人選が必ずしも適当でなかった例が出てきた。かなり過酷な条件下で監視作業をせざるを得ないケースも多かったので、これにうまく適用できない人が出てきてもおかしくなかった。また、運転技能が必要であったが、運転経験のない人やペーパードライバーも続出した。そのため、一一月の選挙の時には第二団派遣者の中から再度派遣されない人も出てきた。また、トヨタのランドクルーザーという四輪駆動車は通常の乗用車よりも重心が高い。高速で走っている時何かを避けようとして急ハンドルを切ると転倒する可能性が高い。また、タイヤにも問題があり、よくパンクした。幹線道路はよく舗装されていたが、一旦幹線道路を外れると道路事情は悪かった。そのようないろいろな事情が重なり、交通事故が多発した。一九八九年末までには文民職員だけでも三人が交通事故で死亡し、負傷した人も多かった。この事情に鑑み、一一月の選挙の際には、運転は文民警察モニターか平和維持軍からの要員、それに第二団派遣員でランドクルーザー運転の経験のある国連職員のみに限るという決定がなされた。また、八月以降は、遠距離移動の場合国連機を使うことにした。国連はスペインが提供したカサ機やC－130輸送機を保有していた。選挙時には多くの監視要員が飛行機で移動したため、時間、経済効率、安全面で状況が改善した。

ナミビアは公共の交通機関がほぼ皆無のため移動は車に頼らざるを得なかったが、UNTAGの車の保有台数は限られていたので、公私にわたってさまざまな障害が生じた。地方事務所によっては僅か車二台ですべてを賄わなければならないところもあった。平和維持軍、文民警察モニター、国連文民職員と車の需要は大きかった。UNTAG本部では車両派遣室を設け、フォルクスワーゲン社のコンビというミニバンで朝夕の通勤やランチタイムの町への送迎を行った。選挙時には各国から多くの選挙要員が送られてきたこともあって、移動チームがランドクルーザーを必要とすることから、他の要員の車の需要は大量のレンタカーで賄うことになった。

車の関係で一つ加えると、西ドイツ政府はフォルクスワーゲン社のゴルフおよびコンビのミニバンをUNTAGに提供したが、独立後はこれをすべて新政府に寄贈する政策を採った。トヨタのランドクルーザーは国連側が買った。日本政府は財政的、人的に貢献したが、西ドイツ政府は一歩進んで物質面でも顕著な貢献をした。ドイツの旧植民地でもあり、ドイツ人も多く住んでいることから、独自の貢献をすることにより、自らの地保を固めたいという政治的意向もあったのかも知れない。

選挙監視準備

一一月の選挙監視には選挙監視要員が約一、七〇〇人必要となった。国連職員だけでは間に合わないので、各国からの選挙監視要員を仰ぐことになった。その配置に関しては、当初ナミビア全域に均等に配置する予定だったが、一〇月中旬急遽政策が変わり、国別にゾーン化して配置することになった。これにはいくつかの理由があった。一つにはロジ（兵站）の問題である。各国からのチャーター機の到着、出発の関係や、ナミビア国内での飛行機や車による輸送や車の数には限界があったこと、ウィンドフックの宿泊施設には限界があったことなどから、国別にある程度の数をまとめて動かした方が効率は良く、また、現実にはそれが一番有効な方策であろうと判断された。

別な理由には、当初コンピューターで配置のパターンを決めそれに要員を当てる方式を考えていたが、政府によっては派遣するかしないか、あるいは派遣人員、氏名などが到着直前まではっきりしないところもあり、無作為方式が難しくなってきた。さらに、政治的配慮もあったようだ。特に、問題の予想された北部のオヴァンボ、カヴァンゴなどには安全保障理事会常任理事国の監視要員を配置する決定がなされた。但し、米国は選挙監視には不参加だったので除外された。日本人要員のウィンドフック地区配置については、ゾーン政策の採用により、日本政府の意向を踏まえた形になった。政府派遣要員の中から原則として何人かチームリーダーにする方針が立てられたが、具体的に誰をチームリーダーにするかは困難な問題であった。各国からの情報が十分入ってこなかったためである。但し、UNTAGの選挙部にスタッフがいる国の場合は情報が集めやすく、比較的スムーズに準備が進んだ。

選挙監視要員約一、七〇〇人のうち三〇〇人は平和維持軍から借りることになったが、これは当初の予想より多くの要員が必要になったことにより、国連側からの派遣要員が間に合わなくなったことや、経済性を考慮したことによる。事実、国連総会の通常総会は九月から一二月までの会期で、相当の国連職員が動員される。そのため、すでに国連を定年退職した人達まで動員することになったが、それでも間に合わなかったのである。ところが、軍人の選挙監視には平和維持軍の方からの抵抗があった。軍の主張は、軍人の参加には原則賛成するが、派遣国の同意が必要であり、また、軍人はあくまで軍服を着用するというものであった。これに対し選挙部は、投票所で軍人が軍服を着て監視するのは威嚇にあたるとの批判が出ないとも限らないとの懸念を表明して軍側と協議した結果、監視に参加する軍人で普段着を買う必要のある人には一人一〇ドルまで払い戻すことで合意が得られた。しかし、カナダなどいくつかの国がこの政策に異議を唱えて自国の軍人の参加を許可しなかった。そのため、軍人の役割は投票箱監視と車の運転、ラジオ無線によるコミュニケーション担当と限定した。

選挙チームの編成は、指定投票所の場合AGチーム五に対しUNTAGチーム四の割合で、警察は二対二の同数、移動チームの場合はAGチーム四に対しUNTAGチーム三の割合で、警察は一対一の同数とした。指定投票所は人口の多いところに設置されたため、予想投票率に応じて人員が増やされた。比率は一応の目安であり、投票所により多少ズレがあった。我々の移動チームの場合、AGチーム五に対しUNTAGチーム三で、警察は二対一であった。AGチームの投票所主管が全員白人となったことは話題になった。現地政府が少数派の白人政権であることを表したものだった。有権者登録時には、僅かながらもカラードと呼ばれている混血の人達や黒人のリーダーもいた。AGチームの警察は二人のうち一人は白人で、もう一人は現地の部族語を話す地元の警察官だった。

移動チームは選挙期間中自活生活ができる体制が整えられた。食糧は七日分支給され、栄養的には十分ということであった。食糧はカナダ製だった。私は選挙時には再度ゴバビスに送られ、ボツワナ国境沿いのアミニウスというところを中心に監視活動を行ったが、この辺りの生活状況はかなり悪く、たまにある店にはジャガイモやメイズ粉、バター、クッキー、コーラなど一部の生活必需品しか売られていなかった。この地域に送られた五チームのリーダーは、一人を除き全員有権者登録監視作業を経験した国連職員だった。

チームのいくつかはテント生活を余儀なくされ、その他のチームはベースキャンプを設け、そこから毎日指定された投票所まで通った。毎朝起床は五時、六時には出発して六時半までには当日の投票所に到着し、七時には投票所をオープンした。一二時ごろに投票所を閉め、次の投票所に向かう。次の投票所を設置してから、時間を見計らってお昼。二時には投票所をオープン。七時に帰宅というパターンであった。

日本からの選挙監視団派遣と監視訓練

このナミビアの選挙監視に日本から二七人の監視要員が派遣された。これは日本としても初の国連選挙監視活動への派遣である。日本政府は外務省の青木盛久さんを選挙団長に任命し、政府関係者三人とあわせ計四人を付けた。従って、日本政府の計算では計三一人派遣したことになる。政府関係者はウィンドフックのホテルに事務所を構え、後方から支援する形を取った。二七人の選挙監視要員は

1989年11月、国連はアフリカのナミビアで選挙監視を行う。ナミビアは1990年3月に独立［国連フォト #106025/Milton Grant］

国連の指揮下で動くことになる。青木さんは日本政府国連代表部勤務の経験があり、顔見知りだった。青木さんはその後ペルー大使となり、一九九六年末に起きたペルー大使公邸人質事件で有名になった方だ。

私は八月末に一旦有権者登録作業を終え、ニューヨークの国連本部に戻った。本来は一一月の選挙前に再度派遣される予定だったが、UNTAGの選挙部で有権者登録経験者が欲しいということで、私が選ばれ一〇月初めにナミビアに戻った。ヨーロッパ経由でナミビアに向かう途中、ナミビアのユニセフ事務所で勤務することになった久木田純さんと彼の家族とたまたま同じ飛行機の中で出会った。すぐ前の席で子供が日本語で話していたのが、知り合いになるきっかけだった。日本人も私達が知らないところでいろいろ活躍しているのだなと思った。

世界各国や国連組織から派遣されてきた約一、七〇〇人の選挙監視要員は三つの地域に分かれて監視活動に関する訓練やブリーフィングが行われた。首都のウィンドフックは選挙部副部長が担当することになったが、選挙関連の仕事に追われたため、最初は私が選挙監視のブリーフィングを行うことになった。大きな劇場のホールでの約五〇〇人を相手のブリーフィングだった。この中には後に国連PKO全体の人員派遣を担当した佐藤正紀さんなど三人の日本人国連職員もいた。今回の選挙法に関する説明から始まったが、監視の仕方については舞台に模擬投票所を設け、監視要員のボランティアを募って投票のステップや注意事項を説明した。途中から選挙部副部長が加わり、質疑応答が行われた。この模様は地元の新聞「ナミビアン」に一面トップ、写真入りで紹介された。ナミビアにとって大きな歴史の転換点だった。

日本から派遣された監視要員は各自治体で選ばれ送られてきた。それぞれの自治体で選挙の仕事に従事した経験を持つ人達であった。ただ、英語でのブリーフィングでどの程度正確に理解できたかわからなかったので、青木団長と打ち合わせて、地元に一軒あった中華料理店で私が日本語で追加説明をすることにした。日本からの監視団はしっかりと仕事をしたとの評判だった。

ベルリンの壁が崩れる

制憲議会選挙は一一月七日から五日間の予定で行われた。冷戦終焉とともに国連の役割が増大し、ナミビアを独立に移行させるための大規模な国連の活動であった。制憲議会選挙は独立国として新たな憲法を制定するための重要なステップである。そのため、選挙の開始は国際的にも大きく報道された。ところが、選挙開始から三日目、ベルリンの壁が崩壊するという劇的な事態が起きた。冷戦構造の破壊を象徴する出来事で、当然世界の目は一気にベルリンに向かってしまった。それを片目に選挙と監視活動は継続された。

選挙結果は予想通り、これまで独立闘争を続けてきた南西アフリカ人民機構（SWAPO）の勝利となった。これまで統治してきた南アフリカの白人は少数派であり、ここに多数派の黒人政権が生まれることになった。これは後、南アフリカの民主化につながることになる。その意味では、ナミビアは南アにとっても一つの大きな試金石だった。ナミビアの民主化がうまくいけば南アフリカの民主化への大きな弾みとなる。これは大きな歴史的転換点を迎えた南アフリカのカケだった。国連は新たな憲法作りのために憲法の専門家を送り、これを支援した。翌年の一九九〇年三月二一日、ナミビアは独立した。

ナミビアの教訓

私のナミビア私記にいくつかの教訓が記されている。

「全体を振り返ってみて教訓になることがいくつかある。私が選挙監視活動のトレーニング・オフィサーとして選挙部に入ったため、選挙準備に関する情報がかなり入り、人のネットワークもできた。

これが日本人配置やチームリーダーの選択やブリーフィングに役立った。イギリス、オーストラリア、カナダなどは積極的に選挙部にも選挙専門家をスタッフとして派遣し貢献度を高めた。イギリスの場合、この専門家が選挙監視要員の多くを知っていたので、現地派遣、仮投票検証、開票監視リーダーなどの人員配置に関しかなりの影響力を行使していた。

ナミビアには二三の選挙区が設定された。この内、地域あるいは地区部長に日本人職員はいなかった。カヴァンゴに送られた島田さんは地区内の地方事務所長になり貢献したが、地区部長ではなかったため、UNTAG本部での選挙対策協議の枠外に置かれた。国連内の人事ではあるが、日本としてもその貢献度からみて部長レベルかそれに匹敵するUNTAG本部内でのポストが欲しかったところである。国連はランク・コンシャス（職位意識）が強いので、特に政務などの面で、課長から部長クラスの人が極端に少ないことが裏目に出ているように思われる。

人員派遣に関しては、ナミビアでは文民警察モニターという新たなカテゴリーの任務が出てきた。勿論全員自国では警察業務に従事しており、その経験を生かして選ばれてきたわけだが、日本もいずれこのようなカテゴリーの人員派遣を考えても良いかも知れない」

日本はその後一九九二－九三年のカンボジアでの国連派遣団に、自衛隊の部隊派遣に加え文民警察モニターも派遣し、各国の仲間入りを果たした。もっとも、文民警察に犠牲者が出たことから、その後暫く文民警察は国連に派遣しなかったが、一九九九年の東ティモール国連派遣団に三人派遣し、文民警察による貢献を再開した。

課長、部長クラスの日本人はその後、日本人職員自身の個人的努力や日本政府の努力もあり次第に増えてきたが、全体的にはまだ少なく、特にＰＫＯのフィールドでの活動では少ない。本当に使える職員を育てるのには長年の努力が必要だ。

第三章　国連外交の舞台裏

冷戦後の安保理の活性化

一九九〇年八月に起きたイラクのクウェート侵攻、併合は冷戦後の世界を大きく震撼させた。国連の安保理はイラクのクウェートからの撤退とクウェートの主権回復を要求して全面的経済制裁を課し、同年一二月には武力行使容認決議を採択して、翌年一月湾岸戦争が始まった。イラクは停戦と引き換えに大量破壊兵器を廃棄することを約束してこの戦争に終止符が打たれた。このイラク危機以降一九九三年まで安保理での常任理事国による拒否権が発動されないという、第二次世界大戦後に想定された大国による協調をベースにした集団安全保障体制が機能し始めたと思われた数年が続いた。

一九九一年にはカンボジアの和平を目指すパリ協定が締結され、国連が暫定統治というカンボジアの暫定政府を指導する特別な役割を任された。しかも、その事務総長に当時軍縮局長をしていた明石さんが任命されたのである。私もカンボジアには特別な思いを抱いていた。カンボジア人で難民として米国に移り住んだ男性と知り合いになり、時々チェスをしたりなどして交流していたのである。同じアジアに位置し、しかもクメール・ルージュによる大虐殺を経験した国である。私にもできることは何かないかと考えていた。

カンボジア派遣団の先駆隊には外務省出身の川上隆久さんがすでに入って現地に行っていた。川上さんは外務省の中でも珍しくＰＫＯ一筋でキャリアアップした方で、後にアフガニスタンの国連政治派遣団の官房長や東ティモール派遣団で事務総長副特別代表になり、国連の日本人職員の中でもトップのＰＫＯ専門家だった。残念ながら、東ティモール勤務中に殉職された。

当時、私はカンボジアへの国連派遣団本体が編成されるのを待っていたが、そうした時に日本が安保理の非常任理事国として選出され、一九九二年から九三年にかけて安保理に入ることになった。ちょうどそのころ、日本政府の国連代表部に務めていた専門調査員が任期切れで離れるという情報が入った。国連に入って一〇年、事務局ではわからない国連外交の本当の姿を見てみたいとの願望を強くした。そこで思い切って国連を休職して専門調査員に応募することにした。内定した後、一九九二年の年明けとともに明石さんの特別代表任命が発表された。新年の挨拶に訪れると、明石さんは「いつカンボジアに来るのか」と問うてきた。「残念ながら代表部に行くことにしました」と正直に返事した。明石さんも一九七〇年代に代表部に勤務した経験がある。大使まで昇格し、国連に戻った時には事務次長という高いランクで帰ってきた。私の決断には理解を示してくれた。

国連外交の実践舞台

日本政府代表部というのは外務省の出先機関で、国連で日本を代表して政府間会議に出席し発言する「国連外交」を展開するところである。国連大使は常駐全権大使で、大きな権限を持っている。もっとも現代の外交では政府や本省の意向を反映させる役割が大きいため、自ら勝手な発言をするわけではない。当時の国連大使は波多野敬雄さんで、退官後学習院女子大学の学長、そして学習院長になった方である。波多野大使は明石さんのカンボジア事務総長特別代表任命などで功績があったとされるが、大使の大きな任務は日本の常任理事国入りへの礎石を作ることだった。一九九二年から九三年にかけては国連のカンボジアでのＰＫＯが展開していたため、そのサポートの役割も果たした。

常駐代表の下に、次席の代表がおり、これも大使格である。当時大使は二人だったが、最近では三人になっている。代表部では政務班に所属したが、この政務班は日本の安保理での活動を支え、総会やその他の下部機関で政務やＰＫＯ活動関連の外交活動をする任務があった。政務班長の下に公使や参事官、一等書記官というランクの高い外交官が集まっていた。当時この政務班で一緒に仕事をした方々のほとんどは後に外務省の局長や大使となっている。

専門調査員というのは外交官ではなく、外交官扱いを受ける「アドバイザー」「腰掛」あるいは「助っ人」的な役割など、公館によって大分職務内容が異なるようである。大学の先生が調査員となることもあれば、大学院の学生が調査員となることもある。その器量に応じても職内容が異なる。私の場合は国連で約一〇年の経歴を積んでからのことだったので、数年で職場を転々とし、二国間のいわゆる「バイ」（二国間）の外交に慣れている人達とは違って、国連の「マルチ」（多国間）外交にはかなりの知識があった。そのため、単なる「小間使い」ではなく、国連や国連の活動に関する種々の情報の提供や助言をしてあげた。国連を休職して代表部で働くための許可を取る時にもこの専門調査員を「Scholar-in-Residence」（客員学者）と説明した。

当時、専門調査員は公には「アタッシェ補」という肩書だった。国連が作成している各国代表部のリストでは一番低いランクだった。それで国連の会議や会合などに代表部を代表して出ることもあったため、これではあまりにもランクが低すぎるので、「アドバイザー」とした方が良いのではないかと代表部を離れる時に総務担当公使に進言したほどである。博士号を持っている場合、称号は「ミスター」ではなく「ドクター」だ。これは医者という意味ではなく、博士号を持っているということだ。そのドクターがアタッシェ補ということは通常考えられない。他の代表部ではアドバイザーの中にかなりランクの高い人達がいた。専門調査員には大学の先生や私のようにかなりのキャリアを積んできた人もいる。外交の世界はランク（職階）がモノをいう。ランクが低いと相手にされないこともある。その点「アドバイザー」というのは比較的高いランクにも見られるのである。暫く経ってから代表部でもこの名称を使うことになったようだ。

安保理非公式協議

安保理の非公式協議というのは安保理のメンバーでないと入れない、非常に排他的な国連外交の真の舞台であった。その中に入ることができて協議の模様を追うことができたのは国連の外交を理解する上で非常に大きな経験となった。非公式協議室には各国とも三つの席しか与えられていない。私のような者は立って聞くことが多かったが、立っていると眠気がささない。協議には何時間もかかることが多く、かえって良かったようだ。国連事務局からは協議の運営に政治安保理局の安保理部の職員が常に何人か入っていたが、その他は事務総長代表や政務担当官、事務総長報道官が時々顔を見せるくらいだった。

この時の事務総長報道官は米国人のジョー・シルズという人で、代表部に移る前の広報局の私の部長だった。ハヴィエル・ペレス＝デクエヤル事務総長の下で副報道官を務め、ブトロス・ブトロス＝ガリ事務総長が米国の重要性に鑑み事務総長報道官に昇進させた人である。シルズ報道官との関係は、私が国連に復帰する時に私が報道官室に勤務することになる理由となった。人脈がいかに大切かを物語るようなものだった。

この安保理の非公式協議が実は一番重要なものだった。安保理に懸案が持ち込まれるとまずこの非公式協議で懸案が議論される。当時はソ連が解体した後だったので、常任理事国の中でも米英仏の三カ国が中心となって安保理決議案を起草することがほとんどだった。この三カ国をP－3（三つの常

安全保障理事会の公式会合［国連フォト #783687/Eskinder Debebe］

任理事国）と呼び、Ｐ－３の草案がまず他の二カ国の常任理事国、つまり中国とソ連を継承したロシアに提示される。そこで承認されるとこんどはＰ－５（五つの常任理事国全部）の案として非公式協議に提示されるのだった。非常任理事国は従ってあまり影響力を行使することはできなかったが、安保理の決議を採択するには一五カ国のうち常任理事国を含む九カ国が賛成投票をしなければならず、そのため、非常任理事国の支持を得ることが決議案の採択に必要だった。この非公式協議で決められた案は公式会合でそのまま採択される。その意味でも非公式協議での議論が一番大事ということになる。

定例記者会見の要旨作り

国連事務総長報道官による昼の定例記者会見は国連の全般的な動きを把握するには絶好の機会

だった。この会見にはガイドのブリーフィング・トレーニング・オフィサーをしていたころから出席していたこともあり、報道官室の人達も知っている。ついでに、国連の文書や会議の要旨をまとめたプレス・リリースなどを入手し、最新情報を取得することもできた。

私はこの会見に毎日出席してその要旨を本省に報告する仕事もした。後に国連大使になった吉川元偉さんが国連政策課長をしていたころで、毎朝出勤するとまず私の記者会見要旨に目を通したとおっしゃっていた。

旧ユーゴスラビア制裁委員会

ユーゴスラビアが解体し戦争がクロアチアやボスニアで勃発したのに伴い、安保理はユーゴスラビアに対して全面的な経済制裁を課した。その制裁のフォローアップに制裁委員会が設置された。制裁委員会には安保理のメンバーがすべて参加するが、その議長は理事国に配分される。ユーゴスラビア制裁委員会では日本が副議長の一人になった。

担当書記官について行って制裁委員会の討議の模様を見させてもらった。ユーゴスラビア制裁には米国やイギリス、フランスなどの西欧諸国が強力な指導力を発揮していた。経済制裁は全面的だったため、金融業務の停止から武器禁輸、貿易の禁止など多面にわたる監視業務が必要だった。これを実施できるのは米国や西欧諸国などしかいなかったと言える。日本は東欧に位置するユーゴスラビアとは元々大規模な経済関係があるわけではなかったから、日本にできることは限られており、従って特に発言を求めることもなかった。

後に北朝鮮に対する経済制裁の時には日本にもできることはかなりあったので、制裁委員会を主導していた米国などから日本にも積極的な働きかけがあったことなどからみても、やはり実質的な影響力のある国が積極的に動かないと効果が出ない。また、経済制裁というのは外交的処理を超えるある意味では国全体を巻き込んだ対応が必要なことでもある。貿易や金融などの制限については他省庁の協力がいる。政治主導の対応が不可欠になるのである。

総会決議案作成への参加

日本の安保理入りと同時にガリ事務総長が就任した。ガリは冷戦後の世界で国連が果たす役割についての新思考を内包した「平和への課題」という報告書を提出した。この中で、ガリは紛争処理に関するアプローチを予防外交から、停戦や和平協定を促す平和の創造（ピース・メーキング）、停戦維持管理のための平和維持活動（ピースキーピング、ＰＫＯ）、紛争後に紛争の再発を防ぎ、復興や開発に向けた支援を行う平和構築の概念整理を行い、さらに、和平協定や停戦を順守させるための武器使用を認めた平和執行部隊の創設など、斬新的な提案を行った。

この報告書を受けて、安保理は毎月変わる議長国がそれぞれのテーマを選択し議論していく、総会の場合は作業部会を設けて総会ができる案件を議論していくという対応をした。私は総会の作業グループの討論と決議案作りをお手伝いすることになった。

この作業グループは特に参加国を特定するものではなく、どの国でも関心のあるところは参加できる「オープン」なグループだった。シンガポールがグループを主宰したが、積極的に討論しているのは精々五カ国くらいだった。決議案作りに入ると、そのような作業に慣れている外交官は少ない。私はそのような決議案には慣れていたので、表現の仕方とか用語の使い方とか、差しさわりのない程度の協力をしてあげた。このようなグループの作業の場合には特に本省から訓令があるわけではないので、自分の判断でせざるを得なかったが、何回か発言していると積極的な参加者の数の中に数えられるようになったようで、日本も積極的に参加しているという印象を与えたようだった。これらの積極的な参加者の間で合意ができあがるとコンセンサスができたとされた。外交というものはこういうものだ。実質的な内容がなくても、発言なしでは外交力なしなのである。

安保理改革を進める日本――「投票権なくして課税なし」

波多野大使は安保理改革積極論者だった。当時でも日本の国連への財政貢献は一二パーセントくらいで、米国に次いで世界で二番目の分担金拠出国だった。一九八〇年代半ばまでの経済の長期成長を受けて、日本は世界第二の経済大国になっていた。その日本が安保理の常任理事国になれないのはおかしいとの議論だった。その主張を広げるために大使は「代表権なくして課税なし」という米国の独立戦争の橋掛けとなった標語を引用して日本のアピールを伝播していた。

米国は以前から日本だけの安保理常任理事国入りには理解と支持を表明していたが、まだ安保理改革への具体的な動きはなかった。この動きが出てくるのはガリ事務総長の「平和への課題」報告書が出てからのことだった。総会に安保理改革に向けた作業グループを設立して本格的な議論を始めようというものだった。この作業グループは一九九三年の国連総会で設立され、翌一九九四年から本格的な討議に入った。一九九〇－九一年の湾岸危機以来数年間は安保理で拒否権が行使されずに本来意図した集団安全保障体制が安保理を中心に動き始めたと思われていたころである。国連の実質的な政策決定機関となった安保理にみな常任理事国の地位で入りたいと思うのはごく自然の流れだった。「料理人が多すぎると料理がまずくなる」という諺があるように、あまりに多くの国がそのような意向を示したために、最初から暗雲が垂れこんでしまった。

一九九五年三月にハワイ大学の東西センターで開催された日米の有識者会合に私も国連職員三人のうちの一人として参加する機会があったが、安保理改革の困難さを吐露せざるを得なかった。当時は、日本の他にドイツも常任理事国入りの意向を表明していたが、安保理改革論議が本格的になるにつれて、国連で多数を占める途上国が常任理事国の議席を与えられるべきとの主張が本格化してしまった。また、ドイツの常任理事国化にはイタリア反対、日本に対しては韓国、インドに対してはパキスタン、ブラジルに対してはアルゼンチンやメキシコなど、地域のライバル意識も表面化した。アフリカ諸国は拒否権付きの常任理事国議席を二つ要求するなど、コンセンサスの形成は困難な状況になっている。その結果、現在に至るまで安保理改革は実現していない。

ボスニアのＰＫＯ分析の報告

代表部での約二年の任期が間もなく終わるころ、総務班長からどこか行きたいところはないかとの問い合わせがあった。そのころはボスニアでの内戦が継続しており、明石さんがカンボジアでの成功を背景に今度は旧ユーゴスラビアに展開していた国連保護軍（ＵＮＰＲＯＦＯＲ）の事務総長特別代表になっていた時だった。このボスニアの平和維持活動では北大西洋条約機構（ＮＡＴＯ）が空からの援護や航空攻撃の権限を与えられており、国連とＮＡＴＯとの間には「持ちつ持たれつ」の関係ができていた。この両者の関係を研究したいと思っていたので、そのことを話すと、すぐ了承された。

まず、ブリュッセルのＮＡＴＯ本部を訪問し、ボスニア内戦担当の企画官をインタビューし、その後ジュネーブでは国際赤十字委員会などを訪問し、クロアチアのＵＮＰＲＯＦＯＲ本部を訪れ明石さんにインタビューした。その結果、ボスニア戦争が終結した場合にはその平和維持活動は国連ではなくＮＡＴＯが行うことをＮＡＴＯ自身が考えている旨報告した。デイトン合意が成立し、ＮＡＴＯが初めて戦後のＰＫＯを担った一年半前のことだった。ＮＡＴＯは戦う部隊である。場合によっては和平を力で実現することも必要になることを実践したものだった。冷戦後の新たな世界における一つの戦争解決の方法を示したものだった。国連は冷戦後内戦というこれまでコンゴ動乱以来あまり経験したことのない状況への対応に苦戦していくのだった。

私は今でもあの時提出した報告書の結論には誇りを感じている。当時ＮＡＴＯが国連のＰＫＯに代わって平和維持活動をしていくということは考えられなかった。これが現実になる一年半前に予告したことになる。後に外務省の担当課の人にあの報告書はどうなったか聞いた時の返事は「読みました」との一言だった。明石さんが現地で孤軍奮闘していたが、日本にとってボスニアでの戦争は遠かった。日本も紛争解決に外交面でも良いから寄与しようといった動きはあまり見られなかった。そしてカンボジアで文民警察や文民職員を亡くした後遺症はまだ強く残っていた。安保理常任理事国入りを熱望しながらも、日本の国連外交にはまだまだ多くの制約があったのである。

南アフリカの初の民主選挙国連監視派遣団へ

ヨーロッパへの出張から帰ってくると、今度は一九九四年四月に予定されている南アフリカでの初の民主選挙に日本からも選挙監視団を送るという。そのため、日本からも国連の南ア派遣団（UNOMSA）に一人要員を送りたいというものだった。「では国連でのフィールド経験がある私が行きましょうか」と提案したところ、これが即承認された。日本政府が国連派遣団に自費で送り込むのである。国連を休職した人が国連に送り返されるという奇妙なことになったが、ナミビアに選挙監視要員として二度派遣された時に南アを訪問したことがあった。そして、長い間少数白人政権が支配しアパルトヘイトという人種隔離政策を採ってきた南アの大きな歴史的転換点である。その歴史的な変化の真っ只中で仕事をするというのは願ってもないことだった。

ところが、南アに着くと日本政府が日本の選挙監視団を国連の枠外で派遣するという。国連は各国の派遣団を各地に散らばらせるが、日本政府はこれを嫌ったのである。日本以外にも国連の枠外で選挙監視団を派遣するところもあったことから、国連の枠外でも現地政府や国連と協議しながら選挙を監視することはできた。

国連南アフリカ選挙監視団（UNOMSA）本部に到着すると、すぐカリブ海出身の女性で副代表のところに挨拶に行ったが、日本政府の意向を盾に副代表は「あなたの仕事はありません」と冷たい返事が返ってきた。さあどうするか。困ったなと思いながら、今度はラクダール・ブラヒミ事務総長特別代表のところに挨拶に行った。ブラヒミはガリ事務総長の信任が厚く、アルジェリアの外相も務めたことのある大物だった。副代表の政治力に疑問が出たため、ガリ事務総長が抜擢した人だった。ブラヒミに副代表の言葉を伝えると、「心配するな。仕事は沢山ある」と暖かい言葉で励ましてくれた。そして、私は選挙のオペレーションを担当することになり、後に各国から派遣されてきた選挙監視要員を三カ所に分けて訓練するため、その一つ首都プレトリアでのトレーニングセンター長として勤務することになった。訓練時にはブラヒミ代表を紹介したり、各種のブリーフィングをアレンジしたりした。

当時、日本の南ア大使は瀬崎克己大使だった。瀬崎大使は南アに勤務する前は日本政府国連代表部の次席大使をしており、私も専門調査員でお世話になった方だった。日本からの選挙監視団がプレトリアの大使公邸を訪問した時には私も呼ばれ、日本からの監視要員一行と会う機会があった。日本政府が監視要員の安全を第一にして国連の監視団に参加しなかったことは正直残念であった。我々国連の日本人職員が国連の仕事で展開する時にはすべて国連の指揮に従い個人で行動する。でも政府から派遣された職員は同じ行動が取れないというのである。同じ日本人なのに。

選挙時にはヨハネスブルグの国連派遣団本部に戻り、選挙監視オペレーションを本部から支援する活動を行った。この選挙はすべてスムーズにいったわけではなかった。選挙直前にはヨハネスブルグのネルソン・マンデラ率いるアフリカ国民会議（ANC）事務所が爆弾テロ攻撃に遭うといった緊張の日々だった。しかし、選挙当日は選挙妨害もなく無事終了し、夕方には私の宿泊していたホテルにマンデラを筆頭としたANC幹部が集まり、勝利を祝い、マンデラ自身が支持者の前でダンスするという歴史的瞬間があった。

一旦代表部に戻った後、もう一年専門調査員として残らないかとの打診もあったが、自分のキャリアは国連だとの思いを強くし、一九九四年六月に国連事務局に復帰した。復帰する前の一カ月は新任の小和田恒大使に二度ほどノートテーカー（メモ係）として付き添う機会があった。小和田大使は退官後、国際司法裁判所の裁判官となられた。

1994年南アフリカで初の黒人大統領になったネルソン・マンデラ氏が国連を訪問する［国連フォト #46663/Evan Schneider］

第四章　事務総長報道官室

報道官室入り

国連復帰後間もなく、前上司のシルズ報道官を訪れ、私のそれまでの国連ＰＫＯに関する仕事や関心を伝えたところ、ボスニアの内戦やルワンダでの大量虐殺（ジェノサイド）が起きたルワンダ問題など多くの問題が山積みの中で国連ＰＫＯを扱っているのはフレッド・エックハート報道官一人しかいないとのことだった。そこで、エックハートをサポートするということで事務総長報道官室入りすることとなった。

私は当初半年くらいエックハート報道官をアシストする予定だったが、特にボスニアでの内戦が極めて深刻な状況になる中で、仕事を継続しなければならない状況が続いた。ここで私の国際政治のバックグランドや代表部政務班での安保理経験が本領を発揮したといっても過言ではない。国際政治の流れや国連の役割を正確に把握し、要点を報道官に伝えていく、記者声明を起案する、記者団に政治の流れや背景を説明していく。そのような役目を果たしていく中で自分の価値を高めていったのである。こうして、報道官室には四年半在籍し、三人の報道官の下で仕えることになった。

報道官室の人達

当時、報道官室にはシルズ報道官の下に数名の報道官がいた。ガリ事務総長は就任した際ほんの数名しかエジプト人側近を連れて来なかった。その数名の一人が副報道官のアフマッド・ファウジだった。ファウジは元々テレビ部門のジャーナリストで、少し低音で響きの良い声をしていた。サダト大統領の奥様のメディア担当を一〇年にわたって務めた経験があり、サダト政権下のエジプトで外務担当大臣を務めたガリ事務総長とは旧知の仲だった。サダト大統領が暗殺されムバラク大統領時代となると、ファウジはロンドンに本部を置くロイター・テレビに勤務して中東や東欧などの動きをカバーした。ガリ事務総長は、本音はファウジを報道官にしたかったものの、冷戦後唯一の超大国となった米国への配慮から米国人のシルズを報道官にし、ファウジを副報道官にしたと言われていた。実際、ファウジは報道官室内で事務総長担当となり、シルズはどの程度事務総長へのアクセスがあるのかと記者団に疑われたこともあった。事実アクセスは限られていた。ガリ事務総長は自分の回りを比較的少数の人達で固めたのであった。

シルズもエックハートも実は元々ジャーナリストではなかった。二人とも米国の国連協会を足掛かりに国連入りを果たし、広報局で経歴を固めてきていた。UNA－USAとして知られている米国の国連協会は、国連協会の中でももっとも活発な国連支援の団体で、国連に批判的なことが多い米国で、一貫して国連の価値を広めてきた。現在世界的に広まった「模擬国連」などはこの協会が国連教育の一環として始めたものであり、国連のリーダーを米国各地の国連協会支部などに招待して講演会を開いたり、国連が扱っている問題に関する書物を出版したりと、世界の中でも稀に見る積極的な国連支援活動を行ってきている。

報道官室には他にベネズエラ人、フランス人、米国人の専門職員がおり、イギリス人、米国人、ギリシャ人などの一般職員がサポートに当たっていた。私の補佐はロランド・ゴメスという若い米国人のアシスタントが務めてくれた。彼は後に国連人権高等弁務官事務所の広報官となり活躍している。

報道官という仕事

事務総長報道官というのは、事務総長の立場や見解を事務総長に代わって表明するだけではなく、各種問題に対して国連全体の立場を説明する役割も果たしている。もっとも、安保理や総会の場合には政治問題を多く扱うので立ち入らないことが多い。安保理の場合には安保理担当報道官というものはなく、安保理議長や理事国の大使などが記者団に対し意見を表明する。総会の場合には毎年交代する総会議長のために毎年新たな報道官を任命して補佐する。国連の専門機関には報道官を置いている機関もあるが、広報部長がメディアへの対応を行うことが多い。ニューヨークには国連の他いくつかの専門機関しかないため、それらの情報発信は事務総長報道官に依頼することが多い。

報道官は対外情報発信が大きな役目だが、一方、事務総長への情報分析の提供も重要な役割である。世界のメディアがどのような情報を発信しているのかを追い、国連や事務総長関連の情報を抜き出し、その中で情報として大事なもの、対応が必要なものを事務総長や官房長などに伝達し、対応を協議し、メディアへの発信を行うのである。国連はデクエヤル事務総長時代の最後のころ、分析情報収集室（ORCI）を設立して独自の情報収集分析能力を高めようとしたことがあるが、これには各国のサポートも実質的効果もあまりなかった。各国からは国連が独自の情報収集・外交を進めることは望ましいと見られていないかったのである。政策決定権限はあくまで各国で構成される総会や安保理といった決定機関にあるという立場を崩していなかった。

事務総長報道官は平日毎日一二時正午から約三〇分の定例記者会見を開く。ここでその日一番重要であると思われる案件からブリーフィングをしていく。事務総長が外遊する時などはその予定は直前に発表する。ホスト国との調整をきちんとしておく必要性があり、発表もホスト国と同時に行うか、その後に行うといった外交上の儀礼もあるが、事務総長の身の安全を考えてということもある。

我々報道官室の人達は、この正午の定例記者会見の準備で午前中が潰れる。報道内容の収集、分析やプレス発表の用意、他の国連部局や専門機関からの発表要請など発表内容には事欠かない。プレス発表は現局がまずはじめに草案を用意し、官房長官の決済を取ってから報道官室に回ってくる。時間に間に合わないような時には、電話などで担当官に直接かけあってこちらが草案を用意することも頻繁にあった。午後は記者達からの質問に答えたり、すぐには答えられなかった質問への回答を調べたり、次の日の準備をしたりすることが多かった。

私は国連ＰＫＯや政治の動きを中心に追っていたため、毎朝ＰＫＯ局の部長会議か政務局の部長会議に出席して情報を収集することから毎日の仕事が始まった。さらに詳しい情報が必要だったり質問があれば部長か担当政務官に連絡した。このようなことから、二つの局の幹部職員や政務官達とは個人的なつながりができた。この人脈が私の国連キャリア形成にさらに役立つことになる。

世界の報道機関

国連本部には世界各国の報道機関がオフィスを構えている。代表的なのはイギリスのロイター通信社やＢＢＣ放送局、米国のＡＰ通信社、ＣＮＮ、地元のニューヨーク・タイムス誌、フランスのＡＦＰ通信社、中国の新華社、ロシアのイタール・タス通信社などだが、最近ではカタールに拠点を置くアル・ジャジーラやサウジアラビア系のアル・アラビアなど中東系の報道機関も顔を並べている。当時、日本からは共同通信社と時事通信社が常時特派員を配置していたが、新聞社の中で特に国連取材を積極的に行っていたのは朝日新聞社だった。日本の他の報道機関の中には現地の記者やスタッフを雇って国連の活動をカバーしているところが多くなっている。一九九〇年代にはＣＮＮが国連のオフィスに設置したスタジオで、「ディプロマティック・ライセンス」という国連をテーマにした番組を制作していた。そこに登場するのは各国の国連特派員で、特にフランスのルモンドやアラビア語紙アル・ハヤットの女性特派員が活躍していたのが目立った。

国連はメディアによる広報の重要性から各国の報道機関には国連のオフィスを提供してきた。古くからある報道機関は独自の部屋を与えられていたが、後続の報道機関は国ごとに一部屋を与えられるとか他の国の報道機関と部屋をシェアーするとかのアレンジだった。国連事務局ビルのスペースは限られていたため、どうしてもそのようなアレンジにならざるを得なかった。後続組からの不満はあったが、大手の報道機関の既得権益を削減することはできなかった。国連はこのスペースを無料で提供していたため、一部の報道機関はここにニューヨーク支局を設け、国連以外のニュースをカバーしているところもあった。

日本の報道機関は、数は多かったものの、専属で記者を置いているところは少なかったので、小さな部屋に「すし詰め」のように一報道機関一デスクでひしめき合っていた。日頃はガランとしていたが、仕事に来れば場所は狭い、来ないように奨励しているようなものだった。当然不満も出ていた。私が報道官室にいることで、何とかこの問題に対応できないかと思っていた時、事務局ビル四階にあるスタッフ・カフェ近辺の改築の話が出てきた。このころ国連ビルの管理は管理局総務室の中のビル管理課が行っていたが、その室長で事務次長補の高いランクに日本人の丹羽敏之さんがいた。丹羽さんは国連開発計画(UNDP)の管理局長も経験した国連のベテランだった。「運の星」だろうか。記者団、報道官室、ビルの管理部門が日本人でつながったのである。早速日本の報道機関の移転の話を持ち掛け、スタッフ・カフェの入り口の横の鍵カッコ的なスペースではあったが、以前の部屋より格段に大きな部屋を獲得した。後続組でこれだけのスペースを獲得したところはなかった。まさに「スペース・ウォーズ」での勝利だった。

女性の「スポークスマン」

一九九六年になるとガリ事務総長は翌年の再選を狙い、緒方貞子国連難民高等弁務官の報道官をして難民高等弁務官事務所（UNHCR）の名を引き上げたことに功績を挙げた元AP通信社勤務の米国人シルバナ・フォアを自分の報道官に任命した。シルズ報道官はワシントンの国連広報センター所長に転身した。エックハート報道官はフォアが上司になることを嫌い、PKO局に移って各国代表部とのリエゾンをすることになった。ファウジや私などその他の職員はそのまま残った。

フォアは独自のスタイルを国連に持ち込んだ。国連の官僚としての地道さは全くなかった。国連自体の知識や経験はあまりなかったが、ジャーナリストとしての情報感覚には秀でたものがあった。我々からの情報を聞いてすぐに何が一番ジャーナリストに受けるか判断した。性格も極めて明るく、曇り空から一気に太陽が顔を出したようだった。ジャーナリスト出身ということもあり、国連詰めのジャーナリスト達からも歓迎された。世界宇宙週間の時だったろうか。インターンに宇宙人の恰好で登場させて度肝を抜いたこともあった。

当時は言葉のジェンダー（性別）に注意を払い始めたころだった。スポークスマン「マン」は男性系になるため、我々は当初フォアを「スポークスウーマン」ないし「スポークスパーソン」と呼ぼうとしたが、本人が自分を「スポークスマン」と呼んで欲しいと言ってきた。女性だからといって特別扱いしないで欲しいとの意思表示だった。女性が自らの力で男性中心の世界でキャリアを積んで上がってきた自信が溢れ出ていた。

フォアの偉いところは、ガリ事務総長に対し、冷戦後実質的な政策決定の中心となった安保理へのアクセスなしでは国際メディアに対する仕事が十分できないと主張して、報道官室の安保理非公式協議場へのアクセスを要求し、これが事務総長に受け入れられたことである。安保理の主要課題はPKOであったため、私が頻繁に安保理の非公式協議に顔を出すことになった。その模様は事務総長報道官に伝えるのだが、このアクセスは報道官室の役割をさらに重要なものにした。このアクセスはその後十数年続くが、ある時常任理事国の一部が非公式協議に報道官室の人間がいるのはおかしいと疑念を呈したため、アクセスが断ち切られてしまったということだった。

フォアには私も相当重宝された。エックハートが去った後の報道官室でPKOや安保理、イラク問題など国連の重要課題を担当することになったため、私の背景説明や用意した記者声明、質疑応答などは彼女の仕事にすぐ使えたのである。フォアは私をエックハートのポストに就けようとしたが、ちょうどこのころ国連は財政難に陥り、ガリ事務総長は昇進をすべてストップさせてしまった。私のケースはこのストップに引っかかってしまったのである。ある意味では運が悪かったと言え、さらにこの後も昇進に関しては運の悪いことが起きたが、昇進は広報局に移ってから得ることになったことが逆に幸運をもたらし、東ティモールの歴史的瞬間に立ち会うことになったのである。運とはどこでどうなるかわからないものだ。

日本鉛筆の提供

一九九六年六月ごろだったと思うが、日本テレビの松本明子さんが突然電話をかけてきた。国連総会ビルの一般ロビーからだと言う。急いで降りていくと、実は国連は財政難のため会議で水も鉛筆も提供しなくなったと聞いたので、「電波少年」という番組で、日本から一万本の鉛筆を国連に寄付するために持ってきたのだという。どうして私のところに電話してきたのですか、と聞くと、一般入口で誰か日本人が出てこないかなと待っていたら、それらしい人が出てきた。日本人とわかったので鉛筆の話をすると、報道官室に植木というのがいるから連絡してみてはどうかと言われたとのことであった。その方は持田繁さんという政務官で、後にアジア太平洋経済社会委員会（ＥＳＣＡＰ）というバンコックに本部を置く国連の地域委員会の事務局次長や東ティモール派遣団の副代表にもなった方である。

急いでフォア報道官に知らせると、「受け取ろう」と二つ返事が返ってきた。この辺りがジャーナリスト感覚なのであろう。何かのニュース性を感じていた。また、フォアは日本人好きであったこともある。緒方さんに仕え、この時は私が補佐している。

松本さんに一般入口に置いてあった鉛筆を見せてもらうと、「コクヨ」の社名が書いてある。国連は社名のある鉛筆は商業用なので、タダではいただけない、と伝えると、「わかりました」と言って消え去った。諦めたのかなと思っていたら、次の日松本さんからまた電話がかかってきた。「今度は社名を白ペンキで塗って消してきました」と言う。見てみると、確かにペンキが塗ってある。今度はいただかないわけにはいかなかった。お礼を言って報道官室に持っていってフォア報道官に見せたら、大声で笑っていた。

箱を物置部屋まで持っていってよく中身を見ると斑（まだら）模様のように白ペンキがかかっている部分もあれば鉛筆がむき出しのところもあった。これではペンキが完全に乾いた後でも使えない。正直困ったが、取り敢えず、感謝の手紙を送った。その中で、このままでは実は使えないと正直に伝えると、今度はきちんとしたものをあと一万本送ってくれるという。また驚いたが、間もなく一万本が送られてきた。英語に〝Nothing is free〟（タダなものはない）という表現があるが、案の定、今度は鉛筆が使われているシーンを撮影したいと言う。このころは七月の末だったので、ちょうど経済社会理事会の年次会合が終わったころだった。それ以外には特に決められた会議はない。また困ったと思っていると、ボスニアに関する安保理の公式会合が予定されたという情報が入ってきた。これだと思い、早速安保理部に鉛筆の話をすると、快く安保理会議場の馬蹄形のテーブルに鉛筆を置いてくれた。

安保理の公式会合は通常国連テレビが中継するが、テレビのブース（小部屋）がいくつかあり、そのうちの一つから国連テレビ以外のテレビ局が必要な映像を撮影することができる。早速日本テレビにそのアレンジをすると、何と、米国のマドレーン・オルブライト国連大使が鉛筆を使っているではないか。日本テレビは欲しいものを取り、国連は鉛筆をいただき、「両手にバラ」だった。後で日本テレビの映像を見たら、松本さんは最初の一万本の鉛筆をマンハッタンの東にあるルーズベルト島まで持っていき、おおきなビニールを敷いた後、白のスプレーで鉛筆をペイントしたことがわかった。「ノー」を「ノー」と取らない不屈のジャーナリスト精神が伺えた。

アナン事務総長時代

ガリ事務総長の再選が米国によって阻止された後、同じアフリカ出身のコフィ・アナンが次期事務総長に選出され、彼の報道官にエックハートが任命された。ファウジ副報道官はガリ事務総長が連れてきたこともあって、ロンドンの国連広報センター所長として転出した。私はエックハート報道官を再度サポートすることになった。副報道官は暫く任命されなかったので、以前から報道官室で勤務していたベネズエラ人のファアン＝カルロス・ブランツが次席、その下が私となった。

事務総長報道官室勤務時代の事務総長はブトロス・ブトロス＝ガリとコフィ・アナンだった（1）
[国連フォト #86013/Milton Grant]

それ以外の人達も残った。私は以前と同じで、PKOや政務、安保理、イラク問題などを担当した。

アナン事務総長とはアナンがPKO局長時代からの知り合いだった。相手は局長だったので個人的な知り合いというわけではなかったが、事務総長に選出された日にはアナンの執務室まで行ってお祝いの言葉を差し上げた。アナンは国連事務局からの「たたき上げ」の唯一の事務総長だ。それまでの事務総長は外部からの安保理による政治任命だったので、アナンには事務局内部でも大きな期待がかかっていた。

エックハートが副報道官を任命しなかったことにより、私にも事務総長関連の仕事がいろいろ回ってきた。ある時、エックハートから電話連絡が入り、これからアナンが米国の三大ネットワークのNBC放送でテレビインタビューがあるから一緒に行って欲しいとの要請があった。NBC放送局は国連からはそう遠くないマンハッタンの中心地で観光スポットでもあるロックフェラーセンターのビルにある。もう事務総長車は出ているかも知れないとの付け足しがあった。報道官室と私のオフィスがある三階の窓から外を見ると事務総長車と警護官が見える。慌てて走って降りていったが、入口に着

事務総長報道官室勤務時代の事務総長はブトロス・ブトロス＝ガリとコフィ・アナンだった（2）
[国連フォト #52803/John Isaac]

いた時には事務総長車はすでに正門まで出ていた。国連の前の一番街まで行ってタクシーを拾った。一時私の方が早かったが、事務総長車はニューヨーク警察に先導されていたため、暫くすると道路の混雑を片目にあっという間に先に行ってしまった。

やっとの思いでNBC放送局に着いて、急いでスタジオまで駆け上がっていくと、アナンはNBCの国連担当記者と談話をしていた。リンダ・ファスーロという記者で、後に〝An Insider's Guide to the UN〟（内部者の国連案内）を書いた人だ。「何かネタはないか」とよく私のオフィスを訪ねてきていた記者だった。安保理などで扱っている問題についてその背景説明をしてあげると喜んで記事を書いていた。放送記者だが、先進的にホームページに放送内容を記事にしていた。放送局が本格的にウェブ参画を始めたころだった。

テレビインタビューが終わり、エレベーターで出口まで行くと、アナンは「これからどうやって国連まで帰るのか」と聞いてきた。「ここまでタクシーで来たのでタクシーで帰ります」と答えたら、「じゃあ、一緒に帰ろう」という。ということで、事務総長車に乗せてくれた。事務総長車には運転手と警護官一人しかいなかったので、私は事務総長と二人で後座席に乗ることになった。

まさか事務総長と二人で車に乗るとは考えていなかったのでちょっと緊張したが、ただ黙っているのもどうかと思い、口を開けた。「SG」と切り出した。SGとは「Secretary-General」つまり事務総長の略で、よく事務総長を呼ぶ時に内部で使っていた言葉だ。「一つ気付いたことがあります。あなたはよく諺を使うが、日本にも多くの諺がある。その多くは中国から来ています」。そうすると、アナンは「実はガーナにも多くの諺があるんですよ」と切り返してきた。アナンはアフリカのガーナ出身で、部族長の息子として生まれてきた経緯がある。そのため最初ガーナで高等教育を受け、後に米国のミネソタにあるマッカレスター大学に進んだエリートである。アフリカというと遅れているといったイメージが強いが、植民地から独立を果たした比較的新興国ではあっても長い歴史に育まれた知恵や知識がある。そのような中からアフリカ流の諺が生まれたのである。事務総長車は防弾車なので重い。デコボコの多いマンハッタンの道路を走っていてもあまり揺れない。短い時間ながらも事務総長と二人で特別車に乗れたのは稀な経験だった。

エックハートもブランツもいない時があった。その日の定例記者会見は私が担当することになった。朝早く官房長官室に行くと、官房長をはじめ、事務総長取り巻きの人達が集まっていた。朝の定例会合である。「今朝は何かニュースがあるか」と官房長が私に向かって切り出した。朝のニュースはすでにレビューしておいたので、目ぼしそうな案件につき注意を喚起しておいた。一巡した後散会したが、その直後に事務総長を囲んで、官房長と事務総長補佐官と私の四人の会合となった。私の方からはその日の定例記者会見の案件を述べておいた。部屋に帰って報道官室の職員との準備会合に出席した後記者会見の準備をしていると、アナンから直接電話が入った。記者会見の案件の一つでアドバイスがあったのだ。さすが事務局上がりの事務総長だ。記者会見の発表の一つ一つにも慎重に耳を傾けていた。

事務総長が外遊する時には事前に国連本部でそれらの国々の記者団を集めて記者会見をすることが

慣例だった。日本や韓国の場合には私が事務総長の横に座ってその記者会見を取り仕切った。当然質疑応答に出てきそうな質問を提出しておく。アナンは国連事情に詳しいことから、こちらからは質問だけを用意することが多かった。返答の実質的内容は政務局の仕事だった。日本の場合はニューヨーク在住の報道機関も多いため、連絡網はしっかりしており、当時日本人記者団のドン的な立場にいた時事通信社ニューヨーク支局長の山崎真二さんが日本側を取り仕切ってくれた。アナンは声量があまりなく、ソフトな語り口で、時々聞きにくいほどだとの評判だったが、英語力があり、国連の立場をよく理解していたので、安心して話を聞くことができた。事務総長というのは、国連でもっとも多く情報を持っているといっても過言ではなかった。

イラク危機

アナン事務総長時代にはいくつかのイラク危機があった。世界的な注目を集めたのは一九九八年二月のアナンのバグダッド訪問だった。サダム・フセイン大統領宮殿の査察を巡って国連の査察団（UNSCOM）とイラク側が対立し、米国が武力行使をちらつかせた時だ。対立を解消すべくアナンがバグダッド訪問を決意した時、米国は「譲れない線」をアナンに突き付けた。アナンはバグダッド訪問中にフセイン大統領と会談し、査察の方法を一部修正する形で譲歩を引き出した。アナンは国連本部に帰ると「英雄の歓迎」を受けたが、イラクの査察状況を報道官室で追っていた私は、宮殿査察でイラクの大量破壊兵器問題が解決するわけではないので、またいずれ危機が来るに違いないと思っていた。

案の定、この年の一〇月に次の危機がやってきた。イラクの防衛省査察を巡る対立である。防衛省には当然軍事機密がある。それを調べられては困るというのがイラクの立場だった。査察団側は査察の対象に聖域はないとの立場だった。この問題が安保理に持ち込まれた。私はいつものように安保理の非公式協議に出て協議の進捗状況を追っていたが、米国の代表がイラクへさらに圧力をかけるために、空爆することになったと説明した。協議中であったが、急いで退席してこのことをエックハート報道官に伝えると、エックハートは事務総長にこの旨伝えた。アナンは米国に電話をかけ、もう一度イラク側を説得してみると自重を促した。その後、米国側は空爆に向かっていた爆撃機を引き返したと聞いた。一時的に空爆の危機は回避されたが、イラクとの査察を巡る緊張は続き、年末には米国が空爆を再開し、遂に国連の査察団は国外退避となった。その後四年間にわたり査察活動が中断することになる。

ポスト争い

エックハート報道官は彼の元のポストを埋めるべく私を推薦してくれた。アナン時代になって昇進ストップが解除されたためである。エックハートのポストは広報局所属のものだったので、広報局の昇進プロセスを経なければならなった。当時は推薦リストを局に提出した後、局内の昇進選考委員会にかけられ、そこで承認されてから人事部の選考委員会にかけられる順序だった。私の昇進は官房長も支持しており、順調に行くかに見えたが、思わぬハプニングに見舞われた。長年報道官室のポストを狙っていた女性がクレームを付けてきたのである。報道官室の上のポストはすべて男性だった。上のポストをもっと女性に与えるべきだとの運動を女性のアクティビスト達が推進しているころで、事務総長もそのような動きに対し政治的なサポートを表明していた。

この女性は職員組合や人事部の選考委員会の知り合いの委員に働きかけて揺さぶってきた。これに腹を立てたエックハートはこの女性に電話をかけ、不在だったので電話メッセージを吹き込んでしまった。その内容は「自分は絶対にあなたを受け入れない」とのものだった。この女性はこのメッセージを録音し、ハラスメントとして苦情を提出した。こうなると、官房長の方としても動きが取れなくなる。結局、このケースは棚上げとなってしまった。そして、この女性が報道官入りすることはそれ以来なかった。空席が空くのを待てば良かったのに、と私は思っていた。事実、エックハートも、私をまず昇進させて、それとは別の空席にこの女性を採用しても良いというところまで譲歩していた。国連職員はみな昇進を求めて別なポストに移っていく。少し我慢すればこのような機会はまた訪れるものだ。優秀な女性だっただけに、このような報道官に嫌われる行為をしていなければ、私も彼女も報道官室で一緒に仕事をする機会が出てきたのではないかと思った。エックハート報道官はアナン事務総長とともに一〇年間そのポストに就くことになるのであった。私は広報局に戻って昇進の機会を得ることになるが、昇進は三年遅れてしまった。しかし、この遅れが東ティモールへの道につながるのだから、人生とは不思議なものである。

ＰＫＯの現場を訪れる

国連のＰＫＯはソマリア、ルワンダ、ボスニアなどで苦難を強いられたが、全てのＰＫＯがうまくいかなかったわけではない。ナミビアやカンボジア、モザンビークなどでは成功を収めていた。日本では湾岸戦争後に多国籍軍への参加や国連ＰＫＯへの参加を求めて国際平和協力法が制定されたが、憲法の制約もあり、国内的にはかなりの反対があり批判されたものだった。そのため、安保理の承認を得て展開される国連ＰＫＯのイメージはあまり良くなかった。カンボジアのＰＫＯでは自衛隊の施設舞台が派遣されたが、文民警察と国連ボランティアに犠牲が出ると、国連ＰＫＯへの参加には積極的でなくなった。唯一、安全と思われていた中東のゴラン高原に展開していた国連兵力引き離し監視軍（ＵＮＤＯＦ）に輸送部隊を派遣しているだけだった。これもカナダ部隊への参加という形だった。現地に展開しているのは四〇－五〇人規模のものだった。

国連からみると、ＰＫＯというのは停戦監視などの伝統的業務の他に、ナミビアやカンボジアで経験したように多くの文民業務を伴う活動で、国際的な支持があり有益なものだった。日本におけるＰＫＯ理解を改善する方法は何かないかと考えていると、国連には日本政府が寄付した基金の利子を受け取って成り立っている別な基金があることがわかった。これの一部を使用できないか国連事務局の基金課や日本政府代表部に問い合わせたところ、プロジェクトの提案が有益なものであれば使用可能とのことが判明した。そこで、さっそく日本の記者団を連れてＰＫＯ活動の視察に行く計画を立てた。

一九九六年のことだったので、ちょうどボスニアでの戦争が終結し、旧ユーゴスラビアにはボスニアやクロアチア、ＦＹＲＯＭという略語で知られているマケドニア旧ユーゴスラビア共和国などに国連ＰＫＯが展開していた時である。焦点をこの地域に当てた。

旧ユーゴスラビアの国連ＰＫＯ訪問

プロジェクトが承認され、日本の報道機関から参加者を募集すると、朝日、讀賣、共同の三社が参加の意向を示してきた。朝日の場合には自らの資金で国連詰めの記者を送ると言ってきた。この三社の記者達に世界保健機関のニューヨーク事務所の日本人の女性職員が加わり、計五人でＰＫＯ視察の旅となった。ニューヨークからウィーンに飛び、そこからまずＦＹＲＯＭの首都スコピエに向かった。

スコピエはまだ社会主義時代の様相が深く残っており、街並みが暗い。取り立てて目立った建物はなかった。この国はマケドニア人が多数を占めており、アルバニア系が少数派だった。二つの民族間の対立を事前に防ぐために、国連が紛争前に派遣した初めての予防的国連ＰＫＯだった。

国連のヘリコプターでコソボとアルバニアとの国境に行くと、スウェーデン部隊が基地を構えていた。北欧からの部隊はサウナを持参していることで有名だった。当時コソボはまだ静かだったが、いずれ次の紛争の震源地になるのではないかと懸念されているところだった。コソボはセルビアの一部だったが、アルバニア系が多数を占めていた。

次に訪問したのはセルビアとの国境地帯に展開していた米国の戦車部隊だった。ある戦車隊長は

〝We love tanks!〟と戦車をなでながら紹介してくれた。〝tank〟とは戦車のことだ。軍人であることを誇りにしていた。これが日本人だったらこんなことは言わないだろうなと思った。米国では軍は誇りの高い愛国的職業との感が強いのである。

スコピエからセルビアのベオグラードまでは、以前報道官室でも働いたことのあるアイルランド人職員が国連車で連れて行ってくれた。ベオグラードには小さな国連の連絡事務所があった。所長からユーゴスラビアが解体し戦争になった後の和平協定実施に関する進捗状況に関するブリーフィングを受けた後、セルビア外務省高官にインタビューした。ベオグラードはさすが旧ユーゴスラビアの首都だけあって美しい古い街並みを見せていた。数年後にはNATO（北大西洋条約機構という軍事同盟）によってコソボ問題で空爆を受けようとは誰も思ってはいなかった。

次の目的地はクロアチアとセルビアの国境沿いにある東スラヴォニアというところだった。ここはクロアチアがユーゴスラビアから分離独立を宣言した時にセルビア人住民がこれに反旗を翻しセルビアの一部になるために武力で抵抗して戦争になったところである。ボスニアでの戦争が終結した後、二年間にわたり国連が暫定統治をすることになったため、国連のPKOが展開していた。国連の広報官が町の中を案内してくれたが、いたるところに戦争の傷跡が残っていた。

東スラヴォニアからボスニアの国境まで行くと、今度はボスニアに新たに展開している国連ボスニア派遣団（UNMIB）の広報官が迎えに来てくれた。彼が言うには、ボスニアのボスニアックと呼ばれているムスリム系の人達とセルビア系の人達の間で緊張している地域があり、そこに国連の人権高等官が行って調停するので一緒に行こうと言い出した。途中で車を降りてその人権高等官に付いていくと、道路の途中には長い棒が横になっており、チェックポイントの役割を果たしていた。ここがボスニアック系とセルビア系の境だった。ボスニアック系の人達が、セルビア系が支配している地域にある自分達の村に行くためにこの境を越えて行こうとしているということだった。戦争が終わった後でもまだ緊張が続いている現場を目撃した。

ボスニアの首都サラエボに行くと、セルビア系の武装組織に長く包囲されて砲撃を受け、狙撃兵に狙い撃ちされた後が生々しくいたる所に残っていた。一九八四年には冬季オリンピックが開催されたところだ。そのころの美しい面影はもはや残っていなかった。しかし、戦争の終結を受け、町には少しずつ活気が戻ってきていた。

サラエボからクロアチアの首都ザグレブに向かったが、ボスニアの途中の町や村で驚くべき光景を目撃した。ある村では道路の一方の家々が焼打ちにあった跡が残っていた。ある町では所々に焼打ちにあった家の跡がある。焼打ちにあった家々には「民族浄化」という民族追い払いの仕打ちを受けたボスニアック系の人達がいたのであろうと容易に推測できた。何世紀にもわたって一緒の場所に住んできた隣人が民族の違いで隣人を殺すという残酷な戦争だった。

中東の国連ＰＫＯ訪問——日本のＰＫＯ部隊

旧ユーゴスラビア訪問が成功したのを受け、翌年は中東に展開する国連ＰＫＯを訪問することにした。今度は三社の他にも多くの日本の報道機関が参加した。先ずレバノンの首都ベイルートから南レバノンに展開する国連レバノン暫定駐留軍（UNIFIL）を訪問した。南レバノンにはイスラエル軍が駐留しており、レバノンのヘズボラというシーア派の反イスラエル勢力との間で小競り合いをしていた。ヘズボラの兵士が国連陣地の周辺からイスラエル陣地に向かって砲撃することもあり、時々イスラエルの反撃で砲弾が国連の陣地に到達することもあるということだった。我々が訪問した直前にも、出先の国連陣地に砲弾が撃ち込まれ、アイルランド兵が二人負傷した。アイルランド兵を見舞いながら、実際に砲弾が撃ち込まれた陣地も視察したが、その建物からは遠くにイスラエル軍とそれに加担するレバノンの「南レバノン軍」の陣地と戦車が見えた。

この一体を視察していると戦地のはずなのに真新しい民家が建っているのに驚いた。国連の広報官に聞くと、レバノン人は商業が上手なために西アフリカなどに拠点を置いて商業に従事している人が多く、貯めたお金で安い南レバノンで家を新築しているのだと言う。戦後を見計らっての投資なのだ。また、この訪問では国連の施設に逃げ込んだもののそこに砲弾が撃ち込まれ一〇〇人くらいの民間人が犠牲になったところも訪問し慰霊した。

当初、レバノンからシリアを経由してエルサレムまで行くことを考えていたが、うまく国連の車が調達できないということだったので、ベイルートからキプロスまで飛び、そこからイスラエルに向かうことにした。南レバノンからイスラエルへ陸地沿いに行くのが一番の近道なのだが、これは政治上できなかった。レバノンからキプロスまでは飛行機で三〇分くらいで飛べる。イスラエルへの飛行便が夕方なので、キプロスに展開している国連キプロス軍（UNFICYP）を視察することにした。
キプロスは南のギリシャ系と北のトルコ系に分かれて戦争になったところだ。その二つを分断しているところに国連の緩衝地帯（バッファーゾーン）があり、国連のPKOが監視している。この緩衝地帯は首都ニコシアの真ん中を縦断しており、その一部を歩いて視察させてもらった。一番短い緩衝地帯は数十メートルで、ここでふざけたギリシャ系の人が反対側にいたトルコ系の人に撃たれたことがあると言っていた。戦争以来使われていないビルのガレージには当時から残されている車が何台かあった。これらはすでにクラシック・カーなので売ると高く売れるよ、と冗談で国連の監視要員が説明してくれた。

緩衝地帯の東端にピラという町がある。この町はギリシャ系とトルコ系が共存している唯一の町だという。市長は交代で選出されるとのことだった。町中のトルコ系のカフェに入った。トルコ・コーヒーを注文した。小さなカップに濃いコーヒーが入っている。その後ギリシャ系のカフェに入って、今度はギリシャ・コーヒーを注文した。名前が違うが同じコーヒーである。戦争によって二つのコミュニティーが分断されたが、何世紀にもわたって共存してきた歴史がある。このピラのように今でも共存は可能なのに、政治的分断の壁はまだ厚かった。道路で移動中トルコ系側に塹壕が沢山掘ってあり、その中に兵士が銃を構えていたのは、キプロス紛争がまだ本当には終わっていないことを如実に示すものだった。

夕方の便でイスラエルのテル・アビブ空港に降り立った。イスラエルとレバノンなどの一部アラブ諸国との間にはまだ和平条約や国家承認がないので、私の場合には「レセー・パセー」と呼ばれている国連のパスポートを二枚持っていかなければならなかった。レバノンに入った後同じパスポートではイスラエルに入れないのであった。イスラエルへの入国時には実際には別の用紙にイスラエルのスタンプを押してくれた。

イスラエルでは次の日エルサレムに駐在する国連で一番古いPKOである国連休戦監視団（UNTSO）の広報官にお世話になった。監視団の指令官に中東地域の情勢や国連の監視活動についてブリーフしていただいた後、ウェスト・バンク（西岸）と呼ばれているパレスチナ人の地をまっすぐ北に向かって走り、日本の輸送部隊が展開しているゴラン高原に向かった。このウェスト・バンクで気付くのが、砂漠のように乾燥している地域の中に突如として現れる緑の森や畑である。ウェスト・バンクは一九六七年の六日戦争でイスラエルがヨルダンから占領した地域で、実効支配が続いていた。そこにイスラエルの植民者が入り、ウェスト・バンクとヨルダンの間を流れるヨルダン川や地下水を利用した灌漑で農業を営んでいるのである。水の利用はイスラエルとパレスチナの間でも重要な政治案件の一つだった。

ゴラン高原は一九七三年の第四次中東戦争でイスラエルがシリアから占領した地域だ。高原にあるので、そこからシリアがよく見える。遠くには首都ダマスカスがあるのだと言っていた。シリア国境には狭い緩衝地帯が設けられていた。早速日本の部隊を訪問した。若い自衛隊の人達だった。輸送業務について説明を受けた後、別な部隊の交換式に参列した。そして部隊の施設を見学させていただいたが、その中には日本の銭湯のような風呂場があった。その壁には富士山が大きく描かれていた。さすが日本である。隊員達は日中の疲れをこの富士山を背に温かい風呂に入って癒しているのだろうと察した。お昼ご飯には食堂でカレーをいただいた。隊員達はみな元気に活動していた。

一旦エルサレムに戻った後、今度はガザ地区を訪問した。当時はまだイスラエルが占領しているころだったが、ここでは日本の資金で支援された学校や下水道工事現場などを視察した。そこからテル・アビブに戻り、今度はイスラエルの南レバノン司令官をインタビューした。テル・アビブには前年事務総長報道官を務めたフォアがいた。結婚したご主人と二人でここに住み着いたのだと言う。日本製のスポーツカーに乗っていた。この車が大好きだと相変わらずの茶目っ気たっぷりのご機嫌だった。

日本の記者団を連れた国連ＰＫＯ視察はこの後アフリカのアンゴラやアジアの東ティモールと計四回行ったが、これらの日本の報道機関による紹介により、多少とも日本における国連ＰＫＯへの理解が増進したのではないかと思っている。この後東京の国連広報センターが二回程同じような企画を実施してくれた。

日本人報道官

私が昇進のため広報局に戻ってから間もなく、国連難民高等弁務官事務所のニューヨーク連絡事務所に勤務していた岡部万里江さんがエックハートの元のポストに就任した。岡部さんは米国のＵＰＩ

通信社に務め、東京やワシントンで働いた後、ジュネーブに本部がある国連難民高等弁務官事務所の広報官になった。ニューヨーク連絡事務所に来てからは頻繁に難民情報を事務総長報道官室に提供してくれていたこともあり、顔馴染みの人だった。岡部さんは二〇〇五年には空席だった次席報道官に日本人として初めて就任した。二〇〇七年に潘基文事務総長になった後も仕事を継続し二〇一二年まで務めた後転出した。潘事務総長下ではもう一人若い日本人が報道官室に入ってきた。広報局のメディア部に国連ニュースセンターという最新の国連ニュースを、ウェブを通じて流している部署がある。そこで暫く仕事をした後移ってきたのだった。

昔は事務総長室というと明石さんくらいしか経験者がいなかったが、最近では報道官室を含め何人かの日本人職員が勤務している。みな、国連でさまざまな経験を積んできたか専門性の高い分野の人だ。国連は世界各国の人達で構成、運営されており、日本人だからといって通訳などの特殊な分野を除いて働けない場所はあまりないといっていい。

第五章　東ティモールの独立へ

派遣へ

昇進の関係もあり広報局に再度戻ったのが一九九九年四月だった。その直後の五月初めに東ティモールのインドネシア併合か独立かを巡る住民投票を国連が組織するとの歴史的合意が成立した。僅か二カ月ちょっとで住民投票を実現するという神業的な任務を国連が任されたのである。フィールド経験がある職員が次々と任命されていった。私もアジアにおけるカンボジア以来の派遣団に貢献したいと思い、この東ティモール派遣団の派遣準備をしていた政務局の担当部長に私の関心を示すと、二つ返事で、政務官としての派遣が決まった。国連が自由で公正な住民投票ができるかどうかを判断するうえで、多くの政務官を全土に派遣する必要があるとのことだった。事務総長報道官室での仕事経験は政務局やPKO局などとの人脈を豊富にしていた。報道官室時代には政務局の朝の部長会議にも頻繁に出席していたこともあり、幹部の人達とはみな顔見知りだった。長年困難と思われていた東ティモール問題の解決に国連が歴史的な役割を果たすことになる。アジア出身の私にとっても、このアジア地域での稀な国連派遣団に参加することができることは、至極幸運なことだった。東ティモールでは政務官としての仕事に加え、報道官代行を二回、その後副報道官も兼ねることになり、国連派遣団の一つの顔になることになる。

インドネシアの介入と国際社会の反発

東ティモールは一五世紀末ポルトガルの探検家ヴァスコ・ダ・ガマがアフリカの南端の喜望峰を回ってインドに達した後、一六世紀初頭時代に東方に進出し、マカオまで辿り着いたころに手に入れたところである。それ以来四世紀以上にわたってポルトガルの植民地支配下にあった。それが大きく変わるのが、一九七四年にポルトガルで起きた「カーネーション革命」と呼ばれるカエタノ政権の崩壊だった。

ポルトガルの新政権は「海外の州」として扱ってきた植民地の自決権を認める決定をし、翌一九七五年七月に東ティモールの暫定政権の樹立を認め、一九七六年には東ティモール独立のための議会選挙を行い、その二年後には独立させる考えを表明した。しかし、一九七五年には独立派と親インドネシア派との間に内戦が勃発し、ポルトガル植民地政府は首都ディリを手放す結果となった。独立派のティモール社会民主協会（後の東ティモール独立革命戦線（フレテリン））は東ティモールの多くの領土を掌握した後独立宣言をしたが、親インドネシア側もティモール民主連合（UDT）やティモール人民民主協会（APODETI）などを中心として独立を宣言し、インドネシアとの併合を主張した。その後間もなくインドネシアは東ティモールに軍事介入した。

国連安保理はこのインドネシアの軍事介入を非難し、決議三八四号で東ティモールの自決権と独立する権利を認め、インドネシアの軍事撤退と宗主国ポルトガルに対して、国連と協力して東ティモールの自決権を行使させるよう要請した。しかし、インドネシアはこれに従わず、フレテリンへの軍事攻撃を進めた。そして、親インドネシア勢力に地域人民会議を招集させてインドネシアへの併合を求めさせた結果、インドネシアは一九七六年七月に東ティモールを二七番目の州として併合してしまった。インドネシアは東ティモールの国民が自決権を行使したと主張したが、国連はこれを認めず、東ティモールを非自治地域として扱い、ポルトガルを施政国としてその責任を果たすよう働きかけてきた。フレテリンは、その軍事部門ファリンティルを通じて武装抵抗を行ったが、これにより長年にわたり多くの犠牲者が出た。

インドネシアは非同盟諸国のリーダーとして国連内で大きな影響力を持っていたため、東ティモール問題は進展しなかった。国連総会は東ティモールの自決権を認める決議は採択していたが、一九八二年になってやっと国連事務総長の仲介を要請した。これを受け、デクエヤル事務総長は、インドネシアとポルトガルの直接会談を何度も開催したが、実質的な進展はなかった。一九九一年に首都ディリで起きたサンタクルーズ墓地での独立派虐殺事件や一九九六年のベロ大司教と独立キャンペーンを張っていたジョゼ・ラモス＝ホルタに対するノーベル平和賞受賞などで東ティモール問題が一時的に世界の脚光を浴び、自決権支持へ国際世論を動かす契機にはなったが、実質的な問題の進展にはつながらなかった。

歴史的な窓が開く

歴史的な窓が開くきっかけになったのは、一九九八年五月に起きたスハルト大統領の退陣だった。これは前年に起きたアジアの通貨危機にインドネシアも巻き込まれ、退陣要求が強まったためである。スハルト大統領は三二年にわたりインドネシアを支配してきた。東ティモール併合にも関わっていた。スハルト大統領の後継にはハビビ副大統領が任命されたが、東ティモールには何らの関わり合いも持たず、この問題をインドネシアの汚点と見ていたハビビは、この問題を解決すべく、東ティモールに幅広い自治権を与える提案をした。外交、防衛、一部の財政や金融面を除く自治権を付与するというものである。ポルトガルは、限定的な自治権の付与は暫定的な措置として扱い、一定の自治期間を経た後、最終的な地位に関する住民投票を実施する案を考えていた。また、独立派の指導者で一九九二年からインドネシアに拘束されていたシャナナ・グスマンも暫定的なアプローチを支持していたと言われている。

このハビビ提案を受け、アナン事務総長の下でインドネシアとポルトガルの実務レベル交渉が本格化した。この交渉にある影響を与えたのがオーストラリアの動きだった。オーストラリアは、インドネシアの東ティモール併合を認めた唯一の国だったが、問題の進展を受けて東ティモールへの自治権付与に政策を転換した。最終的な地位を決める前にかなりの期間自治権を与えることにより、自治への支持が高まるであろう、との意見を表明したのである。

問題は、自治権付与で終わるか、それとも最終的な地位を決める住民投票を許すかであった。住民投票を許せば独立の可能性も出てくる。ここでハビビ大統領は大きな決断をした。二五年にわたるインドネシアの統治にも関わらず、インドネシアに併合したくないと東ティモール人が思うのであれば、平和裡に分かれる方が民主的ではないか、との見解だった。こうして、一九九九年一月、東ティモールの人達が特別な自治案を受け入れなかった場合には、一九九九年末に新たに開催される人民協議議会で併合を決めた一九七六年の法律を撤回する意向が表明された。

この決定は国連や国際社会には歓迎されたが、インドネシア国内の一部では必ずしも歓迎されたものではなかった。特に、インドネシア軍の指導者などはアチェや西イリアンの独立運動を抱える中で、東ティモールが独立する可能性が与えられたことを良しとしない人達が多くいた。また、軍は東ティモールに大きな経済的利害を持っているともされた。軍はインドネシア政治では大きな影響力を持つグループで、その意向は簡単に無視できるものではなかった。そのような中でのハビビ大統領の決断は東ティモールの将来に歴史的な窓を開ける大きな契機となった。

国連での交渉妥結へ

一定の暫定期間を置かずに併合か独立かを決める住民投票は極めて明快な方法だった。複雑な暫定期間のアレンジを議論せずに、併合の場合の条件を明確にすることにより、東ティモールの人達がこれを受け入れるかどうかの選択だった。そのため国連での交渉はかなりはやいテンポで進み、一九九九年五月五日に国連本部で東ティモールの住民投票に関する合意が署名された。

合意は三つの文書で構成され、インドネシアが提出した自治の法的枠組みに関するインドネシアとポルトガルの合意、「住民の意見聴取」(popular consultation) に関する合意、そして警備に関する合意だった。自治の法的枠組みに関しては、自治が受け入れられた場合にはインドネシアはこれを実施するための法的措置を取り、ポルトガルは東ティモールを国連の非自治地域リストから外す措置を取る、そして自治が否決された場合にはインドネシアは東ティモールとの関係を断ち切る措置を取り、インドネシアとポルトガル、国連は東ティモールの統治を暫定期間国連に委ね、平和的に独立への移行を始めることとした。

「レファレンダム」という言葉は使わず「住民の意見聴取」という表現を用いたのはインドネシア内での反対勢力の存在も加味してのことだった。質問は「併合を支持するか独立を支持するか」ではなく、「インドネシア共和国という一つの国家の中で東ティモールに特別な自治を与える提案を受け入れるか、それとも、特別な自治を与える提案を拒否してインドネシアからの離脱に導くか」であった。

「独立」という言葉は使われず、「離脱」(separation)という表現を使うことにより、独立への願望を少しでも打ち砕こうとする意図も見られた。この意見聴取を国連に任せることにしたのは、国連が単に中立的な立場にあったことだけではなかった。インドネシアにとっては、併合が受け入れられた場合でも拒否された場合でも、国連の正当性付与が必要だったのである。

警備のアレンジは、インドネシアの主張を受け入れ、インドネシア政府の責任とすることになった。国連側は、武装民兵組織の解体やファリンティル戦闘員の宿営地への集結、インドネシア軍の一部撤退などを勧告したが、インドネシア軍と軍が背後にいる武装民兵組織への制約は曖昧なものとなった。合意では、インドネシア軍や警察の中立性が謳われ、安全で暴力や他の恐喝のない環境でのみ自由で公正な投票ができることを明確にしているが、法と秩序の維持の責任は警察にあると規定した。警察は軍に対抗する能力はないことはわかっていても、警察の方がより中立的であり、国連も警察モニターを派遣することにより監視ができると判断したのであった。また、合意に先立ち首都ディリで設立された「平和と安定委員会」は、両サイドの代表が加わっており、この委員会を機能させるため、国連と協力して武器の非携行や撤廃を推進することも協定に入れられた。

東ティモール政治派遣団の形成

東ティモールに関する合意は理想的なものではなかったが、東ティモールの人達の自決権行使の唯一の機会として捉えられた。しかし、国連に課された課題は大きかった。その一番大きな理由は「意見聴取」が合意から僅か三カ月後の八月八日とされたことであった。合意直後から作業計画や派遣団の展開が始まり、有権者教育も同時に始まる、七月一七日までには有権者登録作業を終え、翌一八日から選挙キャンペーン、そして八月八日には投票という強硬スケジュールである。しかも、東ティモールは山も多く、道路は完備されていない。西ティモールの一角にオクシという離れ地域もあり、人の住んでいる離島もある。電話などのコミュニケーション施設も首都と東部のバウカウを除けば頼れない。ロジ（兵站）面での課題も多かった。

もう一つの課題は必要な要員の確保だった。五月初めに派遣された調査団の報告では、約一、〇〇〇人の国際職員、約四、〇〇〇人の現地職員が必要とされた。国連自体が選挙を組織し実施するため、約四〇〇人の国連ボランティア（UNV）を現地に派遣する必要があった。有権者登録と投票所は東ティモールだけで二〇〇カ所設置され、さらにインドネシアやポルトガル、オーストラリア、米国など、海外にも一三カ所設置されることになった。国際職員は最終的に国連から二四一人、国連ボランティアが四五〇人、文民警察が二八〇人、軍事連絡要員が五〇人となった。文民警察と軍事連絡要員は加盟国から派遣された。軍事連絡要員の派遣は、東ティモールに駐留しているインドネシア軍との連絡調整が必要なため、そのような役割には軍人が必要との判断からであった。有権者は約四〇万人と想定されたが、投票用紙は念のため四五万票用意された。

アナン事務総長は五月二二日国連東ティモール・ミッション（UNAMET）設立に関する報告書を安保理に提出し、これを受け、安保理が決議一二四六号でUNAMETを正式に設立したのは六月一

1999年国連東ティモール派遣団で政務官兼副報道官として勤務する著者

一日のことだった。アナン事務総長はUNAMETの事務総長特別代表にイギリス人のイアン・マーティンを任命した。マーティンはアムネスティ・インターナショナルという人権NGOの事務局長を務め、一九九〇年代にはルワンダやハイチなどの国連派遣団でも人権部門で活躍し、この任命の直前はボスニアで人権担当副上級代表を務めていた。文民警察コミッショナーは、オーストラリアのアラン・ミルズ、軍事部門の代表はバングラデシュのレザクル・ハイダー准将が務めた。短期間で国連派遣団を設立し任務を終える必要があることから、派遣団の主要人事は国連内部で経験のある職員が選ばれた。選挙部長には米国人のジェフ・フィッシャー、政務部長には政務局勤務でシンガポール人のベン・ヨング・チュー女史、広報部長兼報道官にはカナダ人でポルトガル語ができアンゴラの国連PKOに勤務していたデービッド・ウィムハースト、行政部長には国連PKO経験豊富なオランダのヨハネス・ウォーテル、ジャカルタ代表には政務局で長年東ティモール問題に関わってきたエリトリア人のタムラット・サミュエルが就いた。

東ティモールの投票は国連が実施するため、これを監視する独立選挙委員会が設置された。三名で構成され、イギリス、南アフリカ、韓国の信任の厚い法律専門家が選ばれた。

UNAMETの設立に寄与したのが主要加盟国からの任意の拠出金だった。通常国連PKOの予算は加盟国からの分担金で賄われるが、UNAMETは政治派遣団で、その予算は政治局から支払われるはずであった。いずれの場合も国連総会を通じた予算獲得には時間がかかるため、各国からの自発的拠出金の提供は派遣団の設立と運営に大きく貢献した。最終的に八、〇〇〇万ドルかかった費用のうち五、〇〇〇万ドルは自発的拠出金で賄われた。大口拠出国は、オーストラリア、ポルトガル、日本、米国、EUだった。

東ティモールへの赴任と武装民兵組織による独立運動派弾圧

私が政務官として東ティモールに赴任したのは六月下旬だった。日本人職員の事務局からの参加者は私一人であった。日本政府は、カンボジアの国連PKOで文民警察に一人の犠牲者が出たことから暫く文民警察の派遣を中止していたが、約六年の空白を経てやっとアジアの新たな国連派遣団に文民警察を三人派遣してきた。後日、東ティモールに派遣された四五〇人の国連ボランティアの中に一人日本人の若い女性がいることがわかった。イギリスの大学院で勉強をしていた木原愛さんという方だった。木原さんは、その後、住民投票後の東ティモールやネパールの国連派遣団で人権担当で活躍する。約一、〇〇〇人の国際職員の中で、こうして五人の日本人が働くことになった。

政務官の仕事は、投票が自由で公正な状況の中で実施されるかどうか判断することであった。インドネシア軍に後押しされた武装民兵組織は、すでに一九九八年末から独立派への弾圧を強めていた。武装民兵組織は、長年民衆統制の一環として軍の指揮下で暗躍していたが、独立の可能性が出てきた一九九九年当初に、既成のハリリンタール、ティム・サカ、ティム・アルファといった組織に加えて、主要都市で新たな武装民兵組織がいくつも設立された。

四月初めには、首都ディリから車で西に約三〇分のところにあるリキシャという町の教会で大量殺戮事件が起きた。武装民兵組織の暴力行為のために教会の敷地に逃げ込んだ約二、〇〇〇人の人達が襲撃を受け、約三〇人が殺害されたということであった。当時はまだ詳細がわからず、襲撃事件のみの情報しか流れなかった。首都ディリでも独立派指導者宅に逃げ込んだ独立支持者が襲撃され、一五人ほどが殺害されたという。軍に後押しされた武装民兵組織の暴力行為の中ではインドネシア警察は無力だった。政務官の仕事は政治的に恐喝を受けた一般民衆から聞き取り調査を行い、結果を事務総長特別代表に報告することだった。そのような恐喝がどの程度行われているかによって自由で公正な選挙ができる状況にあるかどうか判断する必要があったのである。

民兵組織は本来は武装解除されるべきであったが、軍が背後にいるために、街中で銃やマチェーテと呼ばれる長刀のなたなどを携行していても、インドネシア警察がこれを押収するようなことはなかった。このマチェーテは長い草や灌木を切るのに日常的に使われる道具で、普段は武器として使われないものだったが、一旦武器として使われると脅威となるものであった。ある時現地の老人と出会った。私が日本人とわかると、「憲兵隊！」「刀」と笑いながら叫んでいた。第二次世界大戦時、日本は東ティモールに進軍し、オーストラリア軍と戦ったのである。この老人がどちらの側について戦ったのかはわからないが、当時の日本軍の憲兵隊はいたるところで恐れられていた。そのような記憶があったのか、日本人というと憲兵隊とリンクさせられたのである。歴史は人の心の中にいつまでも記憶され残っているものである。

ファリンティルとの出会い

現地に赴任して間もなく、オーストラリアの政務官が文民警察の一人と内陸地に視察に行くので一緒に来ないかと誘ってくれた。東ティモールにはあまり良い地図がなく、彼の持っているＧＰＳで道路を確かめたいと言うのだ。現地の状況を把握する良い機会と思い、一緒に行くことにした。首都ディリから内陸に向かって走るとすぐ上り坂になった。狭い舗装道路をくねくねと上がっていくと、山の峰かと思いわれる地帯に到達した。恐らく標高一、〇〇〇メートルくらいであっただろうか。熱帯地方にある国なのにかなり涼しかった。これくらい高地だとエアコンなど要らない。人間は住みやすい環境を求めて動くのだ。つくづく人間の英知を思い知った。

さらに奥まったところを進んでいくと、舗装道路から砂利道に代わっていった。もはや我々の持っている簡単な地図にはそのような道路は描かれていない。浅瀬をそのまま車で渡り、くねくねした坂を上がっていくと、しばらくしてから藁屋根の家がいくつか見えてきた。住民も何人か見えた。当然こちらのようすを伺っている。家々を挟んでしばらく進むと、どうもそれ以上進むのは無理があると判断して引き返すことにした。

引き返し始めると何人もの村人達が道路に出てきた。我々の乗っているトヨタのランドクルーザーの両横には大きく「ＵＮ」のマークが付いている。国連の略称だ。国連の人がやってきた、とすぐ判断した村人達は手を振り始めた。我々はすぐ車を止め、外に出て村人達と話をしようとするが、あまり英語のできる人はいなかった。現地の人達はテトゥンというポルトガル語から発生した言葉を喋っていた。年配で教育のある人はポルトガル語もできたが、若い人達はインドネシア統治の中で育ってきた関係でインドネシア語を話した。何とか英語で話しているうちに、今度は長銃を持ち、迷彩色の軍服と皮のジャンパーを着た二〇代から三〇代の若者が二人近寄ってきた。反政府武力抵抗を続けてきたファリンティルの戦闘員だった。

国連から来たことがわかると握手を求めてきた。おそらく国連が投票の実施のために送られてきたことは知らされていたのだろう。国連の車と職員を見て初めてこのことを実感したようだった。一緒に写真を撮った後別れたが、ファリンティル戦闘員は、住民投票実施の過程でいくつかの宿営地に集められたため、同じ戦闘員に再度顔を合わせることはなかった。

国連報道官追放運動

七月に入って間もなくのことだった。マーティン代表に呼ばれてオフィスを訪れた。ウィムハースト報道官をオーストラリアのダーウィンに連れていくので、その間報道官代行をしてくれないかとのお願いだった。ダーウィンには選挙要員として多くの国連ボランティアが到着しつつあり、そこで派遣団の任務や国連ボランティアの仕事の内容に関するブリーフィングがあった。最初の一行に対して挨拶する必要があったのだ。そして、ウィムハーストを連れていくことにより、インドネシア政府から強くなりつつあった報道官兼広報部長への風当たりを弱めようとの意図があった。

実は、ウィムハースト報道官があるブリーフィングの中で記者団からの質問に答えて言ったことが、インドネシア政府の反感を買ってしまっていたのである。海外で独立派のキャンペーンを張っていたノーベル平和賞受賞者のジョゼ・ラモス＝ホルタが選挙人登録と政治キャンペーンのために東ティモールに戻りたい意向を示していた時に、ラモス＝ホルタをインドネシア政府は帰国させるべきかどうか、どこかの記者が聞いてきた。それに対し、ウィムハーストはラモス＝ホルタが帰国するのは自由だ、と言ってしまったというのである。インドネシア政府は、ラモス＝ホルタが帰国することには猛反対で、外国に居住する東ティモール人はその地で投票すべきだと主張していた。

この発言に加え、インドネシア政府はＵＮＡＭＥＴの現地人職員の採用に関して、独立派を採用しており公平性に欠けると批判していた。ＵＮＡＭＥＴは現地職員の採用にあたっては中立性を要求し、署名もさせていたが、英語のできる人の多くは大学生で、そのほとんどが独立を支持している人達だった。併合派の人達は、これを見て現地職には応募せず、国連の採用方法を批判していたのだ。この批判に対しては、ウィムハースト報道官も公に反論していた。

インドネシア政府の協力がないと国連の活動はうまくいかないことは自明だった。そのために、インドネシア政府との不必要な摩擦を避けることは不可欠で、報道官に関する批判を何とか鎮静させる必要があった。マーティン代表は私が事務総長報道官室に四年半にわたり勤務していたことから適任だと思ったのだった。政務官は本部務めと地方事務所勤務と二手に分かれた。私はUNAMET本部務めだったので、他にも数人の政務官がいた。そのため、報道官代行をすることには問題がなかった。この役を引き受けることにした。

報道官代行

ウィムハースト報道官を空港まで送った後、その場で彼の携帯電話を借り受けた。本部に戻る途中イギリスのBBC放送局から電話がかかった。事情を話し、私が対応することになった。世界の注目を浴びる中でのメディアへの対応だ。電話はひっきりなしに鳴った。昼の定例記者ブリーフは、夕方六時三〇分からのローカルテレビで放映された。政情不安な中での仕事である。すぐ大きな試練が訪れた。

七月四日、リキシャからさらに奥地に避難している独立派の避難民に医療品や食糧を届けたNGO

の人道コンボイ（隊列）が帰る途中、リキシャの町中で武装民兵組織に襲撃されたのだ。そして、その隊列に同行した国連の人道担当の政務官の車も襲われたうえに、その車の中から銃が発見されたとインドネシア側が主張し、この政務官の引き渡しを要求してきたのである。国連職員もNGO職員も武器は携行しておらず、襲った民兵がこの銃を国連車に投げ込んだことは明白であった。国連職員もNGO職員もUNAMETが送ったヘリや車で首都まで移送されたが、その際も民兵組織は襲撃を試みた。NGO職員に負傷者は出たものの、それ以上の被害はなかった。

同じ時期、今度はインドネシアの警察がある家を訪れ武器を隠していないかどうか調べた際、オーストラリアの文民警察が同行したが、この家を文民警察がくまなく探し荒しまわったとの批判を始めたのである。

リキシャの件も文民警察の件も事実を確認中で、事実が確認されないと国連としては正式な対応が取れない、と発表して事実確認を待った。人道担当の政務官は当然ながら武器の携行は否認し、文民警察の場合は、たまたま二日後にインドネシアのテレビが映した映像で、くまなく探して荒しまわったのはインドネシアの警察だということが判明した。事実が確認されない中で誤報を流さず冷静に対応したため、この二つの事件はこれ以上大きくはならなかった。また、インドネシアと親しい関係のある日本出身の報道官の顔がテレビで放映されると、インドネシア側も落ち着いたように見えた。

これでインドネシアの国連報道官批判も鎮静すると思われたが、一旦ウィムハースト報道官が戻ると、再度インドネシアの報道官批判が始まった。独立派へ偏重しているという批判である。七月中旬には、再度マーティン代表がウィムハースト報道官をダーウィンに連れて行き、私が二度目の代行をすることになった。ウィムハーストが戻ると、同じ批判が再燃した。挙句の果ては、安保理議長、総会議長それぞれに事務総長に対して、正式な書簡を送って、公に報道官批判を行ったのである。これだけ表立った報道官批判は異常だった。間もなく国連本部からウィムハースト報道官を広報部長に専念させて報道官は私が行うようにといった指示が届いた。

これに対しては、私の方からマーティン代表に意見を具申した。ここで報道官を変えると国連がインドネシアの圧力に屈したと報道され、国連の中立性が問われることになるため、これは行わない方が良いというものだった。この意見具申には実は根拠があった。私が事務総長報道官室に勤務していた時、コンゴにおける人権抑圧を批判した国連のコンゴ担当人権特別報告者をコンゴ政府からの強い要求で事務総長が交代させたことがあった。これに対してはメディアから、コンゴ政府の圧力に屈した、との強い批判が出たのであった。この前例に鑑み、報道官の交代は望ましいことではなかった。その代わりに私が副報道官となり、報道官と交互に記者ブリーフをしてはどうかと提案した。そしてこの提案をマーティン代表が支持した後、私が報道官室でサポートしたエックハート報道官に伝え、この案をさらに官房長に伝えてもらった。その結果、私の案が受け入れられ、報道官・副報道官体制ができあがった。こうして、インドネシアの報道官批判も、八月に入ってからは静まった。この体制で、メディア相手の仕事は派遣団最後まで続いた。

有権者登録と投票の延期

五月五日の合意では有権者登録作業は六月二二日から開始される予定だったが、武装民兵組織の独立派への威嚇や攻撃が続いていたため、不安な治安状態が続き、国連派遣団の立ち上がりの遅れもあって、予定通り進めるのは困難であった。アナン事務総長は、六月二二日の安保理への報告の中で、登録作業の延期を勧告した。インドネシアとの協議の結果、登録作業は三週間遅れて七月一三日から開始され、それに伴って投票も二週間遅れることになった。

このインドネシアとの協議は、ジャムシード・マーカー事務総長特使とマーティン代表がジャカルタでハビビ大統領と会見した中で行われたが、マーティン代表によると、ハビビ大統領は、延期に二つの条件を付けたという。一つは、延期の理由が国連側の準備の遅れによるもので、現地の治安状況のせいではないということ。もう一つは、投票日を日曜ではなく月曜にして欲しいとのことであった。アナン事務総長は、最初の条件は受け入れず、治安状況も延期の一つとしたが、投票日についてはこれを受け入れた。東ティモールは人口の九〇パーセントがカトリック信者だ。日曜日のミサでカトリック教会が有権者に影響を与えるのを懸念したのではないかということだった。曜日の変更は国連側にとっては問題のないことだった。

七月に入っても治安状況は一向に改善しなかった。リキシャ事件や六月末に起きたマリアナ国連事務所への投石事件などもあり、マーティン代表は、さらなる延期を本部に進言したが、マーカー特使や本部の判断は、インドネシアが希望する八月末までの投票を実現するには七月中旬に有権者登録作業を開始しなければならないとのことだった。また、高まるインドネシアへの国際批判を受け、インドネシア政府側も東ティモールに八人の閣僚を送り現地視察させ、治安状況改善に努力する様子が見受けられた。結局、登録作業は数日遅れて七月一六日に開始された。そして、投票日は八月三〇日となった。

避難民への支援

リキシャ事件で人道問題担当の政務官が担当していたリキシャ地域に戻れなくなったことから、この地域は私が報道官の仕事をしない日に担当することにした。首都のディリから近いことと、リキシャの内陸地に多くの避難民がいたためである。

人道問題担当の政務官によると、リキシャから内陸地に入るところに民兵組織のチェックポイント（見張所）があるという。そのようなチェックポイントは違法なはずであった。そこで、ある日ディリ駐在の日本人の文民警察とインドネシアの警察官を連れてリキシャまで行くことにした。そして、リキシャに駐在していたオーストラリアとニュージーランドの軍事連絡要員も一緒に連れてこのチェックポイントを調べることにした。

指定された所に行くと、案の定、砂利道には横木が置かれ、民兵が一人小屋で見張りをしていた。インドネシアの警察官に、このチェックポイントは違法だと申し付け、すぐ取り払ってもらったが、その時、インドネシアの警察官が、誰の支持でチェックポイントを見張っているのか聞くと、リキシャの民兵組織のボスの指示だと言う。これはすでに周知のことだったが、これで確認が取れた。この先に行ったところに多くの避難民が逃げ込んでいるに違いない。日本人の文民警察とインドネシアの警察官は、この後ディリに戻ることになったので、私は二人の軍事連絡要員と通訳を連れてそのまま内陸地に進むことにした。

しばらくすると、砂利道の両側に焼かれた後と見られる家の跡がいくつかあった。一番手前のところからはまだ煙が出ていた。民兵の仕業である。そのまま進んでいくと平地となり、そこに建物が一軒あった。そこに車を止めると、周りから人が集まってきた。通訳を通じて話を聞くと、この近辺には約三、〇〇〇人が避難しており、その避難は年頭から始まったという。薬や食糧も十分でなく、マラリアなどでこれまで約一〇〇人が死亡しているとのことだった。有権者登録をしたかどうか聞くと、さらに内陸に入ったところに国連の登録所があり、そこでみな登録をしたとのことであった。私の方からは、ディリに帰ってから赤十字や地元の人権NGOなどに話をして人道物資を運んでもらうよう要請する、投票日には登録したところで必ず投票することなどを伝えた。避難民との出会いの後、ディリに戻る時にはリキシャに戻らず、川伝いに移動し、別な道路を見つけることにした。チェックポイントの見張り番の民兵は当然ボスに通報していたと思われたからだ。ディリに戻ってから、さっそく人道担当の政務官に話をして、人道物資の輸送アレンジをお願いした。その後、赤十字などが二度にわたり人道支援物資を運んでくれた。避難民への約束は守ったことになった。

住民投票前の緊張

有権者登録作業は驚くべく順調にいった。というのも、インドネシア政府も併合派側も、この投票を通じて勝てると確信していたからであった。年頭からの威嚇行為は功を奏しているかに見えた。東ティモールのどこを走っても、一軒家の家には赤と白のインドネシアの旗が掲げられていた。インドネシアへの支持、忠誠を表したものだ。しかし、実際には旗を掲げておかないと独立派と見られ、威嚇や襲撃の対象になるのであった。旗を掲げることは保身策だったのである。

八月六日までの二二日間の登録期間中に、四四万三、五七六人の有権者が登録された。海外で登録した一万三、〇九〇をあわせると、有権者総数は四四万六、六六六人となった。当初推定された四〇万人を超える数だった。アナン事務総長は、有権者登録期間の中間地点で、進行状況をレビューし登録作業を継続すべきかどうか判断する予定だったが、予想外の順調さに、そのような中間地点でのレビューは不必要と判断した。

八月九日には、UNAMETが起草した政治キャンペーンに関する「行動規制」が、独立派を代表する東ティモール民族抵抗評議会（CNRT）と併合派を代表する東ティモール自治統一戦線（UNIF）により署名された。投票用紙に印刷される両サイドのシンボルも合意された。こうして、選挙戦は八月一四日から始まったが、両サイドの衝突を防ぐために、首都のディリでは日を変えて選挙戦を行うことになった。独立派は選挙事務所を各地に設置したが、ディリをはじめいくつかの事務所は襲撃に

国連東ティモール派遣団の政務官としてリキシャで状況調査を行い、選挙について説明する

遭い、リキシャなど数カ所では事務所を開設することもできなかった。独立派は、このような状況の中で、公の選挙運動よりも、ゲリラ戦で抵抗していた時に使った個別訪問戦術で対抗したと言われている。

八月中旬、国連は、ジャカルタで、独立派の指導者シャナナ・グスマンと併合派の指導者ロペス・ダ・クルーズを含めた和解会議を開催し、投票後の移行をスムーズに進めるために、「東ティモール協議委員会」を設立することで合意した。こうして、政治面では投票に向けた準備と投票後に関する準備が段階を追って進んだが、武装民兵組織による独立派への威嚇行為は止むことがなかった。国連が設置した独立選挙委員会も、選挙戦は公正に行われていないと国連に進言し、これは安保理に伝えられた。

選挙キャンペーンの最後の日、八月二六日、併合派の最後のキャンペーンがディリで展開されたが、武装民兵が独立派の人達を襲撃し、何人もの人が殺害された。ディリの東半分はほぼ無人状態となった。国連の現地職員の中には家に帰らない人も出てきた。そして、家族の身の安全を心配していた。そこで、もう一人の政務官と一緒に現地を視察し、できれば現地職員の家族とも連絡を取ってみることにした。ディリ東部に着くと、ほとんど人影はなかった。たまたま出会った何人かに状況を聞いてみると、辺りの住人はみな山に逃げたという。ある現地職員の自宅近辺まで行ったが、それ以上行っても状況は変わらなかった。現地で出会った人達には、逃げた住民にはとにかく三〇日の投票日には是が非でも投票に来るよう伝えるよう言い残した。しかし、これらの住民が投票に戻ってくるかどうかはわからなかった。

投票日の前日、武装民兵組織による投票への暴力行為を防ぐための最後の努力がなされた。UNAMET本部に、民兵組織、ファリンティル、インドネシア軍、警察の代表を一同に集め、公然とした武器の携行を許さないとする「バウカウ宣言」を出すことに成功したのだ。この宣言は、UNAMETと独立派の指導者グスマン、インドネシア軍が協議を重ねてきた結果、東の都市バウカウで、インドネシア軍と民兵組織、ファリンティルの現地司令官が国連の傘下に集まり合意したものだった。この宣言を大々的にメディアで報道してもらうことにより、民兵組織の暴力を恐れずに投票に来られるよう促す効果を狙った。そして、独立派も独自のネットワークを通じて支持者に投票への参加を呼びかけたのであった。

インドネシアの意図

投票日が近付くにつれて不穏な動きがいくつかあった。選挙にはインドネシアと世界各国から多くのオブザーバーが来た。東ティモールを含むインドネシアから一、七〇〇人以上、海外から約四九〇人、インドネシア政府とポルトガル政府が五〇人ずつ、総勢二、三〇〇人近いオブザーバーが参加することとなった。インドネシアとポルトガルの公式オブザーバーは五〇人ずつと同数にすることが決まっていたが、八月二〇日に、インドネシア政府の公式オブザーバー一行が新たに数百人に上る二四の若者の団体のオブザーバー申請をしてきた。よく調べてみると、この団体はインドネシア政府の船で到着し、その費用は政府側が支払ったというのである。そうなると、この若者の団体は公式オブザーバーとなり、合意に違犯することになる。国連の選挙部長は、この団体をオブザーバー登録することを拒否した。しかし、インドネシア側がアピールしてきたため、公式オブザーバーとしての登録拒否は維持したものの、投票そのものを投票所外でオブザーブすることは許された。この団体の派遣は、負けた場合、投票所で違法行為があったとして国連の投票結果を非難するための手段ではないかと憶測されたが、確たる証拠はなかった。

併合派の政党ＵＮＩＦも独立派の政党ＣＮＲＴも、その代表を投票所に送ることができたが、併合派は誰の名前も出してこなかった。独立派は、国連そのものが投票を実施することから、その必要性はないとした。この併合派の行動も、負けた場合に、国連の公平性を疑問視し、違法行為があったとして国連を非難するためではないかと疑われた。

もう一つの大きな懸念は、ある文書の存在だった。この文書は、七月三日付けで、東ティモール駐在のガルナディィ少将からフェイサル・タンジュング政治治安調整大臣宛に書かれた極秘のメモだった。この中で、インドネシア側の準備の遅れから負ける可能性があり、その場合の危機対策として、インドネシア人や併合派の東ティモール人約二二万三、〇〇〇人を西ティモールに避難させるというものだった。この文書は、最初記者団が入手し、七月下旬に公表していた。インドネシア側は、それには信憑性がないとして公式に反論したが、マーティン代表は、国連本部への報告の中である程度の信憑性はあるとした。但し、危機対策があっても不思議ではなかったことから、この件はそれ以降問題視されなかったが、投票前にこの情報が再度広がり、政務官の中には懸念を表明する者もいた。

これら一連の出来事は、インドネシアの投票への真意を疑わせるものだった。インドネシアが負けた場合どうするか、いくつかのシナリオが考えられた。

一．投票で広範な違法行為が行われたとして、これを実施した国連を非難し、投票の無効を主張する。

二．暴力行為を起こし、ファリンティルの反撃を誘いだして内戦状態にする。

三．投票後に開催されるインドネシアの人民会議で投票結果を認めない。

投票前には、国連は平和維持軍をすぐ派遣すべきだと主張する政務官もいたが、これは、インドネシア政府の受け入れが考えられない状態では元々無理な議論だった。投票後具体的な体制をどのようにしていくかは議論されたが、どちらが勝った場合でも、インドネシア政府の同意がない形で国連が平和維持軍を送ることは考えられなかった。いずれにしても、まず、投票そのものを成功させることが先決だった。そのために、事務総長や各国政府は、インドネシア政府に対して、投票への協力を強く要請したのだった。

投票日

いよいよ投票日がやってきた。八月三〇日。投票所には朝早くから長蛇の列ができた。七カ所で民兵組織の妨害により一時閉鎖されるところもあったが、インドネシア警察の協力で再開した。私も最初ディリの投票所を訪問し、投票のようすを視察した。その後、もう一人の政務官とリキシャを訪れた。そこでも投票は順調だった。

ところが、リキシャからディリに近い別な投票所に向かっている時に、民兵のチェックポイントに出くわした。そこを通り過ぎる時に、民兵が自家製の銃を持っているのが見えた。どうしてチェックポイントができているのか、これは違法ではないか。そう思い、約一〇〇メートル先で車を止めようすを伺っていると、民兵の一人がオートバイに飛び乗ってこちらに突進してくるのがわかった。急いで車を発進させ、高スピードで逃げ去ったが、何が起きているのかはすぐにはわからなかった。

次の投票所に着いてから、リキシャの軍事連絡要員にラジオ無線で問い合わせると、オーストラリアの記者がリキシャの民兵組織のボスにインタビューし、その中で、「あなたは何人独立派の人を殺したか」といった挑発的な質問をしたため、このボスが怒り、インタビューが終わってからこの記者を探し出せと命令を下したらしい、とのことだった。この記者は、たまたまこの地を視察していたオーストラリアのオブザーバー一行に身を寄せ、ヘリコプターで一緒に脱出したとのことだった。

日中は投票そのものに関しては大きな事件もなく、そのまま順調に行くかと思われたが、午後遅くになって、エルメラ地区のグレノ投票所が襲われ、現地職員が二人負傷し、同地区のアッァベ投票所も襲われ、二人の現地職員が殺害されたとの情報が入ってきた。これは後で聞いた話だが、アッァベ投票所の場合、投票所を閉めた後、国連の輸送ヘリコプターを待っている間に、民兵組織が投票所を襲ってきた。間もなく飛んできた国連のヘリは、民兵組織が着陸を防ごうとして発砲してきたため迂回し、少し離れた地点に着陸する振りを見せて、民兵組織が近付いてきた時点で再度空に飛び、投票所の近くに着陸して、選挙要員と投票箱を中に入れて飛び去ったという。

最終的に、有権者登録をした有権者の九八・六パーセントが投票した。これは実に画期的なことであった。

開票から騒乱へ

全国の投票箱は首都ディリに集められ、ディリ美術館の建物で開票が行われることになっていた。これについては、当初インドネシア側にも地方ごとに開票すべきだとの意見もあったが、併合を拒否した地方が明確になると併合派からの復讐がある可能性があることや、西ティモールの近くの地方が併合を主張して分離の動きを見せる可能性があることなどから、国連側は首都一カ所に集めて開票することを強く勧めた。また、開票プロセスを守るという治安の面からも、この方が望ましかった。マーティン代表によると、最終的にはインドネシアのアラタス外相の判断で国連側の勧告を受け入れたとのことだった。

投票日の翌日、投票箱と投票用紙の確認が始まり、九月二、三日には苦情のための公聴会が開かれた。そして、開票作業が九月三日に開始された。これに先立ち、有権者の投票が予想以上で負ける可能性を感じた武装民兵組織は、すでに九月一日にはディリで独立支持派の人達の家を焼打ちしたり襲撃したりし始めた。開票作業は徹夜で行われたが、作業を急ぐ必要からボランティアを探していた。私の政務官の仕事はすでに終わっていたため、開票作業を手伝うことにした。夕方八時ごろからだったと思うが、開票所に行くと、やはりボランティアで来ていたオーストラリア出身のUNAMET法律顧問とペアになった。一ペア一、〇〇〇票受け取り、五〇〇票ずつ分けて票を数える。自治受け入れの票と拒否の票を別々に束ね、数えた票数を用紙に書き留め、今度は相手の数えた票を数える、二人の数が合致すれば良しである。こうして夜通しで働いたが、朝の三時に交代することをすっかり忘れて、そのままのペアで働いてしまった。もう明け方だったが、相棒が下の階に投票箱を取りに行って帰ってくると、これが最後の箱だという。慎重に数えたが、二人の結果が違った。そこで、もう一度数え直した。今度は数が合った。その瞬間、我々は手を上に挙げて、「終わった！」と叫んだ。周りに他の選挙要員が集まってきて、みんなで拍手し、歓声を上げた。これで何が起きても東ティモールの人達の意思は確認できた、との嬉しさが込み上がってきた。歴史的な瞬間だった。

開票時に一番心配したことは、この投票所が襲われることだった。開票が進むにつれて独立派が勝つことは目に見えてわかった。机の上に積み上げられる票の数が一方的だったからである。インドネシア政府の公式オブザーバーも開票所に入りチェックしている。当然、開票の模様はインドネシア側に伝わっているはずである。すでに武装民兵組織が町中で暴力行為を始めていたため、もしこの開票所が襲撃され投票用紙が焼かれてしまった場合には、投票結果が永久に消えてしまうことになる。そうすれば歴史的な窓は再度閉じてしまう可能性があった。

独立選挙委員会が結果を公正なものと判断を下した後、マーティン代表は直ちに投票結果を事務総長に報告した。そして、開票作業が終わってから三時間後の朝九時、ニューヨークでは時差の関係で前日の夕方八時に事務総長は開票結果を安保理に報告し、同時にマーティン代表もディリのマーコタ・ホテルの記者会見で結果を発表した。自治支持票は二一・五パーセント、自治否決票は七八・五パーセントだった。独立派が圧倒的な勝利を収めた。しかし、同時に結果発表は併合派武装勢力の騒乱の開始を意味した。

退去から安保理派遣団へのブリーフへ

発表の三時間後にはリキシャで国連事務所が襲撃を受け、米国の文民警察が腹を撃たれ重傷を負った。国連のヘリで救助された後、この文民警察はオーストラリアのダーウィンまで緊急移送され治療を受けた。幸い、命に別状はなかった。

民兵の襲撃を逃れて何百人もの人達がＵＮＡＭＥＴ本部の隣にある学校に避難していた。ＵＮＡＭＥＴ本部はコンクリートの塀で囲まれていたため、外からは容易には入れなかったが、すでに地方から続々と国連職員が到着していた。外国の報道陣で残っていた人達もＵＮＡＭＥＴ本部に避難してきた。報道陣に関しては、イギリスのＢＢＣ放送がチャーター機を用意し、すでに多くの報道陣が東ティモールから避難していた。投票結果の時、あまり外国の報道陣がいないのではないかと懸念されるほどその数は減少したが、それでもマーコタ・ホテルの記者会見場にはインドネシア内外の記者がある程度集まった。

その日の午後には民兵組織の襲撃がさらに悪化した。銃声が近づくにつれて、隣に避難している人達の身の危険が懸念されたため、ＵＮＡＭＥＴ本部敷地内に入れることにした。女性や子供が多かったが、何とか敷地内の大ホールに収容した。その数は六〇〇人を超えていた。赤ん坊が結構いるので現地職員に数えてもらったら、六〇人以上いることがわかった。私はすぐディリの赤十字に電話を入れ、赤ん坊用の粉ミルクがないかどうか聞いた。二箱しかないという。しかし、二箱でも良いから届けてくれるようお願いした。夕方までには届いたので、現地職員にお願いして配ってもらった。こうして、我々職員もその日は本部のオフィス泊まりだった。現地職員は外で寝ていた。食べ物はインスタントラーメンだった。幸い、お湯が出る水のタンクがあったので、これで何とか凌いだ。

次の日になると状況はさらに悪化した。私は他の多くの国際職員と一緒に政府ビルの隣にあった小さなホテルに滞在していたが、まだ荷物があったため車で取りに行った。午前中のことだったが、午後に行った職員は発砲に遭い、途中で引き返してきた。間もなく退去命令が下った。私は第一陣の国連機でダーウィンに向かうようお願いされた。ダーウィンでメディアを相手に広報できる人が必要だとの判断であった。

すぐ出発準備をして荷物をミニバンの中に入れたが、政務室に戻っているうちにこのバンは空港に向かってしまった。政務室にもう一人のオーストラリアの政務官がいたので一緒に空港に連れていくことにしたが、今度はドライバーが見つからない。政務室担当のドライバーを見つけたが、運転したくないと言う。もう道路には多くの民兵がいるからだと言う。車には国連のマークがあるから心配ないと元気づけて門を出た。もう一人の政務官は、荷物がまだ宿泊先にあるが、空港への途中なので寄れないかと言ってきた。ドライバーは、空港への道路から横道に入って民兵がいなければ行っても良いと返事したが、その横道に入るやいなや、先に民兵の姿が見えた。急いで引き返し、空港に向かわざるを得なかった。すでに町のいたるところにはチェックポイントが作られていた。そして、町のいたるところから火が上がっていた。その模様は衛星からも見えたという。

我々に課された大きな問題は、現地職員をどうするかだった。国際職員の中には現地職員を一緒に退去させなければ退去しないという人も現れ、国連側も現地職員を一緒に退去させることにしたが、一部の職員は山奥の方に逃げた。

この騒乱に対し、独立派の指導者シャナナ・グスマンは、武装ゲリラ組織のファリンティルに対して宿営地に留まるよう命令した。ファリンティルが武力攻撃に出ると内戦になる。それは併合派の思う壺になるようなものだ。一九九九年の年頭から始まった民兵組織の独立派への弾圧にも関わらず、これに武力で対抗しないようにファリンティルに命令したこととあわせ、グスマンの決断は、ある意味では東ティモールの将来を救ったと言える。内戦になってしまったら、住民投票のプロセスはご破算になってしまう可能性が大だったからである。

ダーウィンに着いて間もなく、どこかのNGOから電話が入った。スアイという町の教会で、教会に逃げ込んでいた住民とカトリック司教が三人、あわせて一〇〇人以上が殺害されたという内容であった。国連側にはこれに対処する手段はもはやなかった。まだ落ち着く暇もないうちに、イギリスの政務官と一緒にジャカルタにすぐ飛んでくれとの訓令が届いた。安保理の調査団がジャカルタに来るとのことだった。この調査団に現地の状況をブリーフしてくれるようにとの依頼であった。二日後にはクアラルンプール経由でジャカルタに向かった。

到着の次の日、さっそくジャカルタの国連事務所で安保理調査団にブリーフを行うことになった。国連側は、ジャカルタ所長のタムラット・サミュエルとイギリス人の政務官と私の三人で、安保理調査団はナミビアの国連大使を団長として五カ国の理事国大使が加わっていた。その中にはイギリスの国連大使や、後に国連政務局次長、そしてスロベニア大統領になったダニロ・トゥルク大使もいた。このブリーフでは、インドネシア政府が言っていることとは逆に、現地の情勢は極めて悪く、暴れている武装民兵組織の背後にはインドネシア軍がおり、警察は何らの権力も持っていないことを強く指摘した。そして、調査団は東ティモールまで行く予定はなかったが、自ら赴いて現地を視察する必要があることを強く訴えた。「百聞は一見に如かず」である。

調査団は、その後、インドネシア政府を説得して現地に向かい、現地の状況がいかに酷いものか、帰って安保理に報告することになった。事務総長や米国、オーストラリアなどの関係国は、インドネシア政府に対して、騒乱鎮静のために多国籍軍を派遣させる努力をして、その受け入れを認めさせた。それを背景に、安保理は第七章下の決議を採択して多国籍軍の展開を促した。そして、オーストラリア軍を主体とした多国籍軍、インターフェット（INTERFET）が九月二〇日に現地に展開した。

暫定統治から独立へ

インドネシア軍の撤退と多国籍軍の展開を受けて、現地の情勢は鎮静を取り戻した。しかし、東ティモールは焦土の地となっていた。二〇万人を超える東ティモール人が西ティモールなどに避難していた。

インドネシアの人民会議は、一〇月二〇日に東ティモールの離脱を公式に認め、それを受けて、安保理は一〇月二五日に国連東ティモール暫定行政機構（UNTAET）を設立し、二年を超える暫定統治を経て、東ティモールは二〇〇二年五月に独立した。

この東ティモールの独立は、インドネシアにとっては苦い療法ではあったが、歴史的な汚点を一掃し、国際社会からの批判から抜け出して、インドネシアの国家としての威厳を回復する契機となったといえる。六〇年以上経っても未だに解決していない中東和平問題と比較してみると、東ティモールの独立は、一つの紛争解決の方法を示唆しているのかも知れない。

振り返ってみると、東ティモールの独立の契機となった最初の政治派遣団、UNAMETに参画できたことは、私個人にとっても国連キャリアの一つのハイライトとなった。大きな流れは我々個人のレベルを超えた出来事だったが、その流れの中で、一個人として、一国の運命を変える国連活動に微力ながら貢献できたのではないかと思っている。

この東ティモールの経験から学ぶことは、歴史の動きをどう判断するかの重要性、それから歴史を動かすのは組織の中の個人でもあり、その個人がどのような決断をするかによって歴史も変わりうるということである。その意味で、インドネシアのハビビ大統領の決断や独立派指導者シャナナ・グスマンの英知と勇気ある決断、アナン事務総長やマーカー特使、マーティン事務総長特別代表などの指導者の判断と行動が極めて重要な役割を果たしたが、同時に、その周りで活躍した多くの人と関係国の総合的な努力によって、実現不可能と思われたことが可能になったのである。

第六章 国連ＰＫＯや政務活動の支援

平和安全保障課

二〇〇〇年の幕が開けて間もないころ、広報局の平和安全保障課を任されることになった。主に国連のＰＫＯ活動や政治活動、軍縮活動といった政治活動を広報面でサポートする役割だが、当時は、ＰＫＯ局には広報関係の業務をしているのは僅かに一人、政務局はゼロ、軍縮局にも広報官がいない状況だった。広報局が国連の「広報の腕」と国連創設当初から活動していることから、広報局にこのような平和安全保障課ができていたのだった。

私の前任者が国連ＰＫＯに関する「インフォメーション・ノート」を作成し、わずか二ページではあるが、ＰＫＯ活動の展開地域と展開数、派遣人数、予算などに関する情報を満載して好評だったので、今度は、国連の政務派遣団に関するインフォメーション・ノートを新たに作成することにした。国連PKOは、軍事部門を含む平和維持活動であるが、政務派遣団というのは、主に文民を中心とした政治活動であるため、両者には、マンデート（任務）や規模、予算などで大きな差がある。また、私の前任者が国連PKOの「年次レビュー」という雑誌規模のものを出版していたので、ちょうど二〇〇〇年ということもあり、過去一〇年間の国連PKO総括号を出版した。軍縮局のサポートには、以前から軍縮局とのリエゾンをしていた職員に継続させた。

もう一つ、この課の大事な仕事は、フィールドの広報部門を特に人事面で支援することだった。PKO局の人事部門は、広報の専門家のリクルートに私の推薦を求めてきた。これが慣習化すると、私の推薦がないと任命されないといった状況になった。まだ、フィールドの広報部門を含めたリクルートに新しいシステムが導入される前のことだった。

エチオピア・エリトリア派遣団の広報部門の設立

二〇〇〇年五月に、二年続いたエチオピアとエリトリアの国境を巡る戦争で、停戦が合意された。停戦監視のために新たな国連PKOが設立されることになったため、調査団が現地に派遣されることになった。この時初めて、PKOの広報部門を設立するために、広報局からも人材を派遣するよう要請がきた。

私の課のPKO局担当官に行ってもらう予定にしたが、別な用事があり行けないという。というこ

国連エチオピア・エリトリア派遣団（PKO）の役割の一つに地雷撤去があった。この派遣団の広報部門を設立する［国連フォト #1269/Jorge Aramburu］

とで、私が自ら参加することになった。以前から、広報は二次的な活動ではなく、国連ＰＫＯにおける実質的な活動として扱われるべきだという議論をしていた。ＰＫＯにおける広報の重要性がやっと認識されたようだった。

調査団は七月に現地入りした。エチオピアとエリトリアの首都でそれぞれの政府関係者と協議し、国境地帯を訪問し、広報部門の構想を練った。エリトリアの首都アスマラにＰＫＯ本部が設立されることになったため、広報部門の本部はアスマラに置き、エチオピアの首都アジスアベバにはその支部を置くというものだった。

一番苦労したのが、ラジオ放送をどうするかだった。エリトリアもエチオピアも情報統制が厳しい国だ。そこで国連独自のラジオ放送を流そうというのだ。識字率の低い国々である。ラジオというのは良いコミュニケーションの手段になる。エリトリアの関係者は、国連の関与を歓迎し、当初、自分達の国営放送局を使っても良いと肯定的な返事をしてきた。しかし、エチオピア側はかなり慎重だった。一応、ラジオ放送を広報部門に設けることを提案したが、これを実施に移す段階で両国から徐々に抵抗が出ることになった。

エリトリアでは、民間のスタジオを使って国連放送を収録し、国営ラジオ放送で番組が終わった後の時間を使って何度か国連制作のラジオ放送を流してもらったが、そのうち放送料を要求するようになり、継続できなかった。エチオピア側は国連のラジオ番組を放送すること自体には応じてきたが、国連とエチオピアとの間での地位協定が結ばれないうちは駄目との対応をしてきた。地位協定は国連派遣団の特権免除などを規定するものであるが、エリトリアとエチオピアの国境確定問題でこじれ、結ばれなかった。結局、エチオピアでは、国連ラジオは放送されず、報道官の定例記者会見などで広報活動を進めるほかなかった。政治の現実は厳しかった。

人事面では、広報部長や他の広報担当職員は、東ティモール時代の同僚を中心に構成し、広報部長は私の課に一カ月配属させ、広報活動の詳細を協議し、残りの人選を行った。新たにＰＫＯが設立された時には広報部門が一番充実していたため、事務総長特別代表が助けを求めにくるほどになっていた。この人事採用方式は非常に有効だったが、その後フィールドの人事リクルート・システムが改革されたのに伴って、広報部門のリクルートもＰＫＯ局から分離したフィールド・サービス局の責任となった。

アジスアベバ滞在中の余談であるが、エチオピア政府の広報関係部門との折衝でお世話してくれた国連開発計画（UNDP）の現地広報担当職員が自宅でのランチに誘ってくれた。ランチではエチオピアの伝統的料理をご馳走してくれたが、ホテルに戻り、夕方ジムに行って少し汗を流そうと思った時、お腹が変になってきた。部屋に戻ったが、凄い腹痛に襲われた。食べたものはすべて出てしまった。次の日は国連のヘリコプターでエリトリアとの国境地帯を訪れる予定だった。行けなくなったらどうしよう、との不安が込み上げてきた。米国から持ってきた胃腸薬を飲み何とか一晩凌いだが、朝はご飯も食べず、とくかく胃を休めることに専念した。ホテルのトイレットペーパーを一ロール拝借し、チョコレートをカバンに詰めて出かけた。

ヘリコプターに乗ると、操縦席の裏に当たるところに一つトイレの椅子があったが、カーテンも何もない。下痢になったらどうしよう、あのオープンのトイレで用を足さないといけないのかと思うとゾッとした。幸い下痢は起こらず、無事国境地帯を視察して現地のホテルに着いた。ランチも取らず、午後遅くのことだった。後日、下痢の原因は国連の現地職員のお宅で食べたエチオピアのパンだろうということになった。このパンは現地の水を使うが、水に含まれている細菌が死ぬまでの熱さには達しないため、細菌が残るということだった。旅先での病気はつらいものである。

東ティモールの派遣では、短期間のうちに国際職員一〇〇人くらいがマラリアにかかった。幸い派遣団には医者が二人いたため、大きな問題には発展しなかった。アフリカでのミッションでは、脳にくる悪性のマラリアにかかり、緊急搬送されて命拾いしたという職員もいる。国連のフィールド・ミッションには常に危険が伴う。しかし、国連職員は危険に対処するための訓練を受けたり、必要な医療品を持参したりなどして、安全の維持や健康管理には相当の注意を払っている。あとは天に任せるほかない。

ブラヒミ報告書とPKOの広報支援問題

一九九〇年代にルワンダの大量虐殺（ジェノサイド）やボスニアでの大量殺戮があり、国連のPKOが展開しているにも関わらずこれらを防げなかったことや、PKO支援体制に多くの問題があったことから、アナン事務総長は特別パネルを設立し、その代表にブラヒミを選んだ。その報告書は「ブラヒミ報告書」として知られるようになった。

報告書では、特にPKO支援体制の改革が提唱され、PKO局の職員や予算の拡大が求められたが、広報部門に関しては、フィールドにおけるPKO広報部門の本部でのサポートは、広報局が継続するかPKO局が行うか、両局で協議するようにといった曖昧な提言となった。そこで、両局間の協議が始まったが、私の課の部長は、広報局がそれまでの活動を継続すべきという立場を強く推した。PKO局の広報担当には、東ティモールで報道官兼広報部長を務めたウィムハーストが就任していたが、一人きりの自分の部署を拡大したいと思っていた。エゴのぶつかり合いのような様相だったが、広報局のPKO広報支援の実質的活動を指揮してきた私の方からは、数多くの現地での広報活動そのものを統括・指導することは広報局としてはできないので、予算作成や職員の評価・管理なども含めた活動はPKO局が行い、広報局はPKO活動に関するグローバルな広報を担当するということでどうか

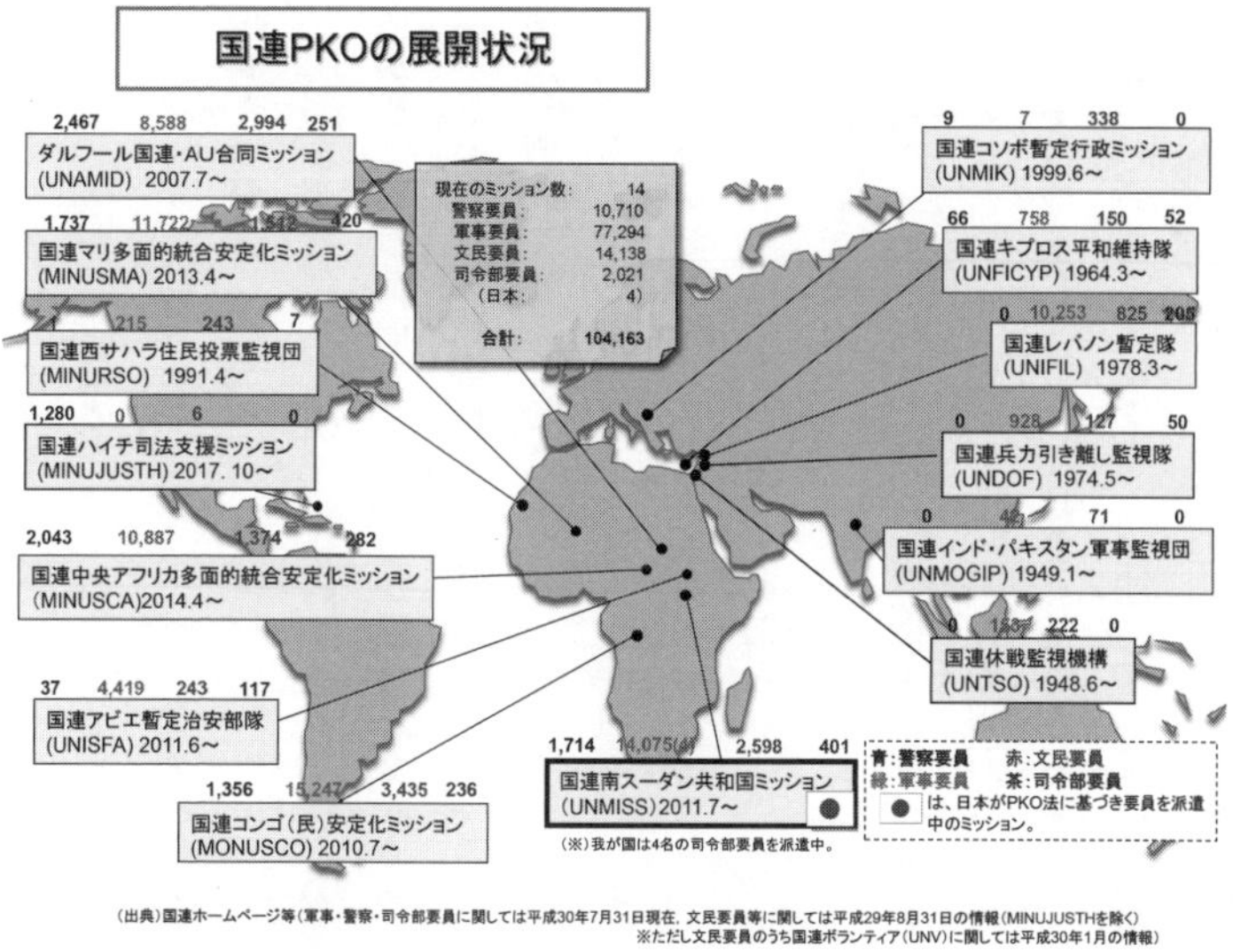

（出典）国連ホームページ等（軍事・警察・司令部要員に関しては平成30年7月31日現在，文民要員等に関しては平成29年8月31日の情報（MINUJUSTHを除く）
※ただし文民要員のうち国連ボランティア（UNV）に関しては平成30年1月の情報）

国連PKO活動の展開状況

と折衷案を出した。結局この案で落ち着くことになった。「官僚政治」というそれぞれの官僚組織が自分の領域を守るための闘いを行う典型的なものだったが、最終的には中庸でまとまるのが一番良かったのである。

二一世紀の新たな挑戦

二一世紀が幕を開け、どのような世紀になるかを告げるような事件が起きた。二〇〇一年九月一一日の朝のことだった。

この時は、国連の平和活動を広報面でサポートする役割を果たしていたので、朝の日課は、まず九時のBBCニュースを見ることから始まった。テレビをつけると、何と世界貿易センターの一つのタワーから煙がもうもうと出ている。私のオフィスは事務局ビルの一〇階、マンハッタンの街並みが見える側にあった。すぐ窓の外を見ると、南の方に煙が見えた。テレビの中継に戻ると、間もなく、二機目のジェット機が二つ目のタワーに飛び込んできた。大きな爆発とともに火の海が外に飛び散るのが見えた。すぐテロ行為と判断できたが、誰も予想だにしなかったことである。まさに、世界を震撼させた瞬間だった。

国連本部ではすぐ地下に移動するようにとの室内アナウンスがあった。地下一階の会議棟には会議室が多くある関係で、テレビが廊下にも設置してある。そのテレビの映像を見ながら進展を追ったが、ペンタゴンへの旅客機の飛び込みやペンシルベニアでの旅客機の墜落などが相次いで報道されると、国連も標的になるのではないか、との不安感が巻き上がってきた。国連本部はマンハッタン中央部の東端にあり、その横をイースト川が流れ、その先のクィーンズ区のロングアイランドシティーには、当時は高層ビルはシティー銀行のビル一つしかなく、しかも、その先にはラ・ガーディア空港もある。国連本部ビルは特徴がありよく知られている。東側からはすぐわかる建物であるため、容易な標的になりえたのである。

一九九三年に起きたテロ組織による世界貿易センタービル爆破事件の本当の標的は国連だったのではないかということもあり、国連が狙われても不思議ではなかった。九・一一では世界貿易センタービルが二つとも崩壊してしまったこともあり、あの時国連の地下に避難したのは間違いだったのではないかということになった。四〇階建ての建物が崩れた場合、地下に避難した人達は潰される可能性が強いからだ。その後の避難訓練では、避難場所は外の指定箇所ということになった。

アフガニスタン派遣団設立へ

米国は真珠湾攻撃以来の自国への攻撃に対する反撃として、九・一一の首謀者たるアルカーイダを匿っていたアフガニスタンのタリバン政府を倒す政策を掲げ、当時国土の一〇パーセントくらいしか統治下に置いていなかった北部同盟を支援し、タリバンやアルカーイダへの爆撃を開始した。国連は九〇年代にアフガニスタン紛争調停の事務総長特使をしていたブラヒミを再登用し、タリバン後の新たな和平合意を目指して外交行動を開始した。ブラヒミは、先の「ブラヒミ・レポート」で、新たな国連派遣団を派遣する時にはどのような派遣団にするかを審議・サポートする「統合ミッション・タスク・フォース（IMTF）」創設を提唱していたこともあって、アフガニスタンIMTFが設立され、広報局を代表して私もこれに加わることになった。

私の担当は、当初タリバン後のアフガニスタンで国連の派遣団の広報部門をどのように設立するかということへの提言をすることであった。それまで統治した政府が倒れ、反政府勢力が権力を握る状態は、まさに「ゼロからの出発」である。ブラヒミは、新たな国連派遣団の基本原則を「スモール・フット・プリント」（小さな足跡という意味で、小規模の国連派遣団という意味）にした。これには前年から東ティモールで展開していた国連の暫定統治が大規模なものとなったために、これに伴う問題が表面化していたこともあった。新たな国をゼロから作り上げなければならなかった東ティモールと違い、アフガニスタンの場合には反政府勢力が新政府の中核になる。国連はこの新政府を側面から支援する、従って大規模な派遣団は必要がなく、また、不安定な政治環境の中で職員の安全を保障するためにも最小限の規模が望ましいというのがブラヒミの指針だった。

ブラヒミの報道官にはロンドンに移っていたファウジが暫定的に選ばれた。二人ともガリ事務総長が国連に引き入れた経緯があり、同じアラブ人というつながりもあった。メディア対策は当然必要になる。問題はそれ以外の分野だった。ラジオ放送部門も考慮したが、インフラがない。国連のPKO用に用意したラジオ・スタジオセットもあったが、アフガン主導の国家再興という観点から、当面焦点をメディア部門の再興に絞ることにした。残りは国連派遣団の長期的な広報部長が決まってから決めれば良いとの判断だった。

メディア部門の再興

メディア部門の再興では、BBCトラストというこの分野で経験のあるところから参画したいとの要望が寄せられたこともあって、BBCトラストやワシントンをベースとしてメディア部門支援を行っているインタープレス、デンマークをベースにしたバルチック・メディア・センターなどと協力して、日本政府が二〇〇二年一月末に東京でアフガニスタン復興会議開催を予定したこともあって、メディア部門再興に関する復興予算を共同で提案することにした。

BBCはイギリスの開発庁の財政的支援を受け、バルチックセンターは欧州連合（EU）の財政的支援、インタープレスは米国政府の財政的支援があり、西側の連携した支援が期待できる体制であった。私が国連を代表して主宰することになった協議は、二〇〇一年一二月のクリスマス直後にロンドンのBBC本部で開催され、この協議でBBCの専門家チームを現地に派遣することにした。ボン和平合意後の新たな政権、新たな国家造りのサポートは国連が中心となって行われることになったため、BBCチームの現地派遣に際しては、私は現地に派遣されていたブラヒミを筆頭とした小規模の国連チームとの橋渡しを行うことになった。

年の瀬、カブールの国連派遣団に電話を入れた。ファウジにBBCの専門家チーム派遣に関してサポートをお願いしようとした。電話に出てきたのは声の低い男性だった。ファウジがいるかどうか聞くと、クリスマスでロンドンに帰ったという。「今ごろスイスでスキーをしているに違いない」と笑っていた。ファウジの動向を知っている。この声を聞いたことがある。この男性はもしかしてブラヒミ自身ではないかと思い、「ミスター・ブラヒミですか」と聞くとそうだという返事が返ってきた。ブラヒミとは南アの仕事で一緒で、そのころからの顔見知りだ。国連本部での準備会合でも何回か会っている。早速BBCチーム派遣の話をすると快く引き受けてくれた。BBCチームは翌年早々現地入りし、報告書をまとめて復興会議に予算案を提出した。

この新たな政治派遣団設立の段階で経験したことだが、国連で出世していく人の中には、自己顕示欲（エゴ）が極めて強い人がいることだ。それを表に出す人と、あくまで内心に留めておく人とあるが、このアフガン派遣団への対応では、ブラヒミの報道官も、派遣団の次期報道官となった元事務総長副報道官も、自分の領域に他の人を簡単には入れない性格の人だった。私が国連のタスクフォースで広報戦略を作成したり、ＢＢＣトラストなどと協議してアフガン・メディアの再興案を作成したものの、実施においては現地の広報部門に任せないとならない。私が想定したようには現地の広報部門がなかなか動いてくれなかった。みな、自分の考えで動いており、こちらにはあまり情報が入ってこなかった。本部と現地の間に大きな壁を感じたのはこの時だった。

第七章　イラクの国連大量破壊兵器査察団バグダッド報道官

イラク――新たな試練

国連主導の下アフガニスタンの新たな国造りが順調に行き始めたかと思われたころ、新たな試練が訪れた。イラクである。二〇〇二年の夏ごろから、イラクはアルカーイダと手を結んでいるとか、イラクは大量破壊兵器をまだ持っている、あるいは新たに開発を始めているとかいった情報が米国から流れ始め、米国は新たなイラク戦争を正当化するような行動を始めたのである。そして、米国の戦争を支持する国々とそれに反対する国々との間で、世界を二つに割る論争が繰り広げられた。西側世界も二つに割れ、特にフランスはイラク戦争への動きに強く反対した。当面の妥協として、安保理で決議一四四一号が一一月に採択され、国連の大量破壊兵器査察団が現地に派遣されることになった。そのバグダッド報道官として任命され、イラク戦争が始まる二日前まで現地で査察活動を世界に知らせる役割を担うことになった。

このイラク戦争だが、国連査察活動の最終結果を待たず、また、国連安保理の支持を得ずに、米国とその連合国が一方的に攻撃を開始したことは、米国のイラク占領政策のあり方の問題とともに、その後の世界に大きな波紋を投げかけ、イラクだけではなく、中東地域や世界政治にまで禍根を残す出来事となった。

その意味では大きな政策判断のミスだったと言っても過言ではない。世界に強い影響を与える大国、そして、その国の政治指導者の政策の間違いや政治的判断の過ちが、いかに世界の歴史に大きなマイナスの影響を与えるかの良い例である。

そもそもイラクの大量破壊兵器問題とは何か、どうしてイラク戦争といった事態に陥ったのか、国連のイラクの大量破壊兵器査察はどうして行われ、どのような結果になったのか、なぜイラクでは〝民主化〟が期待されたように進まず、現在の混迷と分裂の危機に至ったのか。現在を知るうえで過去の流れを理解しておく必要がある。

湾岸戦争と停戦の条件

冷戦終焉の過程で世界を震撼させたのは、イラクのクウェート侵攻と併合だった。一九九〇年八月二日、電撃攻撃で翌日までにはクウェートを占領してしまった。一九八〇年から一九八八年まで続いたイラン・イラク戦争でクウェートはイラクを支持し財政的支援をしていたにも関わらず、その後イラクの対クウェート負債一四〇億ドルの返済や国境を跨ぐルマイラ油田からクウェートによる採油や石油価格を巡る論争が起き、両国の関係が悪化していた。米国はイラン・イラク戦争ではイラクを支援したが、これはイランで一九七九年に起きた革命で、それまで米国がサポートしてきたパフラヴィー国王が倒れ、政権を握ったアーヤトッラー・ルーホッラー・ホメイニ師が反米政策を採ったためであった。イラクのクウェート侵攻前、米国のエイプリル・グラスピー駐イラク大使がイラクとクウェートの対立で中立的な発言をしたことをイラクが米国の支持と解釈して侵攻に踏み切ったとも言われている。

米国を含む国際社会は、このイラクの行動を国際法違反と非難し、安保理はイラクのクウェートからの撤退とクウェートの主権回復を要求するとともに、イラクに対し包括的経済制裁を課した。イラクの強大化と脅威に直面した他の湾岸諸国は、クウェートと共に米国などに対して保護を求め、米国やイギリスなどは、この要請に従って湾岸地域に戦力を展開した。国連安保理は一九九〇年一二月決議六七八号を採択して、イラクが一九九一年一月一五日までにクウェートから撤退しクウェートの主権を回復しなければ国連加盟国に対し、「すべての必要な」手段を用いても主権を回復するよう要請した。「すべての必要な手段」とは武力の行使を意味した。

撤退期限直前のペレス＝デクエヤル国連事務総長の最後の説得工作も不作に終わり、一九九一年一月一七日（現地時間）湾岸戦争が勃発した。米国とサウジアラビアが三四カ国から集結した連合軍の共同指揮を執ったが、実質的には米国主導の戦いだった。連合軍の空爆で始まったこの戦争は、二月二四日には地上部隊による攻撃で、イラクはクウェートからの撤退を余儀なくされた。連合国側は、バグダッドまで攻め入るかどうかの選択を迫られたが、米国のジョージ・H・W・ブッシュ大統領（ジョージ・W・ブッシュ大統領の父）は攻め入らない決断をし、三月に入り停戦を受け入れた。この停戦は四月に採択された安保理決議六八七号で支持され、イラクを法的に拘束するものとなった。

この停戦決議の要点は以下のものだった。

一．国境の尊重と国境確定支援を事務総長に要請

二．国境からイラク側に一〇キロ、クウェート側に五キロのところに緩衝地帯を設け、国連の監視団を要請

三．イラクによる化学兵器条約関連の義務の履行、生物兵器条約の批准、射程一五〇キロ以上のミサイルの破壊、これらに関するイラクによる申請と化学兵器を破壊しモニターする権限を持つ特別委員会の設立、核不拡散条約の義務を確認し核開発をしないことと国際原子力機関（IAEA）による査察

四．クウェートから奪い取ったものの返還

五．クウェートへの債務返済と補償委員会の設立

六．経済制裁のうち食糧の輸出禁止の解除、大量破壊兵器の破壊が完了した時点で経済制裁の解除

七．武器や大量破壊兵器関連の禁輸は継続

この決議に基づいて、国連は国境確定委員会を設立し、国境確定は一九九二年に提示されたが、イラクがこれを受け入れなかったため、一九九三年の安保理決議で確定案を支持した。結局、国境の最終確定は、次のイラク戦争後まで待たなければならなかった。国連イラク・クウェート監視団（UNIKOM）は両国の国境を挟む緩衝地帯を警備し、やはりイラク戦争後にその任務を終えた。この監視団で注目されることは、中国が初めて国連PKOに参加したことだった。

問題はイラクの大量破壊兵器の全面的申告と破壊だった。当初、イラクの大量破壊兵器とそれを支えるインフラは停戦決議後九〇日以内に廃棄され、一二〇日以内には長期モニターの制度が確立される予定だった。イラクが大量破壊兵器査察やモニターのための特別委員会（UNSCOM）に申告書を提出し査察活動が始まったが、申告書の検証を続けているうちに、申告書とイラクの各種文書の間に相当のギャップがあることがわかってきたのである。イラク側に問い詰めていくと、イラクは、一九九一年夏に申告しなかった大量破壊兵器をUNSCOMに通報せずに一方的に破壊したことを明らかにした。この未申告の兵器は全体の約三分の一と想定された。国連側はこの破壊された未申告分も検証しなければならない。破壊された兵器は考古学のような発掘作業を必要とした。しかも、破壊されたものはマスタード兵器のように、中和されたとはいえ、危険をはらむ作業だった。この検証作業に相当時間がかかり、当初二年程度で作業を完了し、安保理に報告し、イラクへの経済制裁解除を行うといった想定は崩れてしまった。

核開発計画に関しては、IAEAにより一九九二年末までにはほぼその全容が解明され、廃棄されるべきものはすべて廃棄された。一九九四年二月に核物質をイラク国外に取り除いた結果、IAEAの作業は、それ以降、技術的側面に関する文書の行方や外国からの支援、秘密裏の核開発などに絞られ、同時に長期モニターの体制に入っていた。

一九九五年になって、検証作業がだいぶ進んだころ、サダム・フセインの娘婿のカマル・フセインがヨルダンに亡命する事件が起きた。カマル・フセインはイラクの大量兵器生産の責任者であったため当然ながらイラクの内情はすべて知っている。それまで隠していたことがばれることを恐れたイラクはUNSCOMに対し、イラクが過去炭疽菌を含む生物兵器を開発し兵器化したことを認めた。このことは当然イラクへの不信感を増長させることになった。この報告を受けて、UNSCOMはイラクの新たな申告書の検証を始めた。しかし、化学兵器の検証を含めて、まだイラクの申告書と検証結果の間には大きなギャップが存在している。このギャップを埋めることが「軍縮問題」としてイラクと国連の間の査察活動を巡る緊張を生み、もはや大量破壊兵器はないと主張するイラクと、情報のギャップを埋めようとする国連との間のイタチごっこが続き、査察活動が長期化した。

イラク問題への関わり合い――「石油と食糧交換計画」

私がイラク問題に関わり始めたのは、事務総長報道官室に勤務していた一九九五年のことである。イラク問題は当初ファウジ副報道官が担当していた。アラブ地域出身ということもあり、ごく自然のことだった。しかし、ファウジ副報道官は事務総長関連の仕事が多く、イラク問題を丹念に追っている余裕はなかった。そして、一九九五年に始まった国連とイラクの間の「石油と食糧交換計画」に関する覚書交渉のころから私がこの問題を担当することになり、爾来イラク問題により深く関係するようになった。

石油と食糧交換計画は、イラクでの大量破壊兵器査察が思うように進展しない中、包括的経済制裁がすぐに解除される状況ではなかったため、経済制裁が国民の生活に大きな支障をきたすようになり、これが大きな国際問題になってきたことから出てきた人道支援構想だ。米国も、イラク政府の非協力的態度のために経済制裁が続いて国民生活に多大の影響が出始め、イラク内外で反米感情が高まっていることを無視できなかった。この人道問題に何とか対処せねばならない立場におかれ、人道救済措置として、イラクの主要外貨源となる石油を国連監視の下に売却し、その代金を食糧や医療品など一般国民の生活支援に充てることにした。国連とイラクの覚書は一九九六年五月に結ばれ、石油と食糧交換計画は同年一二月に実施に移された。

ちょうどこの時期、コフィ・アナンが次期事務総長に選出され、一九九七年一月一日に就任した。「石油と食糧交換計画」の進捗状況に関し、私は当初この計画実施責任者であるベノン・セヴァン事務局長から直接に情報を提供してもらっていた。国際的に大きな関心事項である。情報の信頼性には慎重を期せざるを得なかった。その点、直接の担当事務局長から得る情報は貴重であった。ところが、セヴァンは次第に情報提供を避けるようになった。実施の状況はあまりメディアに流したくないということらしかった。仕方なく、例えば、石油価格査定などはそれ専門に雇われた専門家に問い合わせたり、現地の実施状況はバグダッド駐在の石油と食糧交換事務所の広報担当官から入手し、事務総長報道官の毎日の記者会見に使用した。

セヴァンは、その後二〇〇二年七月までこの計画の事務局長の仕事をしたが、イラク戦争後の米国の占領中にイラクから賄賂を受け取ったとの疑惑を受け、アナン事務総長は米国の進言を受け、ポール・ヴォルカー元米国連邦準備制度長官を調査委員会の長に任命して、これを調査報告させた。結果は、セヴァンはイラクから一六万ドルの賄賂を受け取ったというものだった。セヴァンは国連を退職して、出身国のキプロスに戻っていた。米国の引き渡し要請にキプロス政府が応じなかったため、セヴァンを米国で訴追することはできなかった。

このセヴァンの汚職は国連にとっても、国連職員にとってもショックな出来事であった。国連に三〇年以上勤務し事務次長補レベルの上級職に就いていたため、普通に定年退職しても年金で十分暮らしていける地位にある人だっただけに、信じがたいものがあった。ヴォルカー委員会の調査によると、セヴァンは、不動産は所有していたものの家を二つ持っていて、現金のやりくりに苦労したということだった。従って、賄賂を受け取る素地がなかったわけではなかった。このことが発覚したのは、米国がイラクの石油省の文書を調べている際に、一枚の紙が見つかり、その裏にアラビア語で「ベノン・セヴァンにお金を手渡したか」との手書きの質問に対し、別の人が手書きで「渡した」と書いてあったことによる。米国はこの手紙をアナン事務総長に突き付け、アナンの事務局管理体制を批判するとともに、調査を強要したのであった。

大量破壊兵器査察とイラクの妨害

アナン事務総長は一九九七年、それまでＵＮＳＣＯＭ委員長をしていたスウェーデンのロルフ・イケウスの後任として、オーストラリアの外交官リチャード・バトラーを任命した。この任命はイケウスの推薦でアナン事務総長が決めたものだが、米国やエジプトからは留保の声が上がった。バトラーはカンボジアの和平協定締結や軍縮問題でも活躍し、一九九四年から一九九六年にかけてジュネーブで行われた包括的核実験禁止条約交渉では、交渉を断ち切って国連総会に場を移し、総会でこの条約を成立させた功績を持っていた。一九九二年からオーストラリアの国連大使を務めており、外交交渉力と軍縮問題に関する知識を買われた任命だった。しかし、この任命は後で裏目に出ることになる。アナンもこの任命は間違いだったと後で述懐している。

バトラー時代のＵＮＳＣＯＭとイラクは対立と緊張の連続だった。柔軟で慎重なイケウスとは違い、バトラーは持前の雄弁を生かしてイラクの査察妨害を公に非難した。一方イラクは、ＵＮＳＣＯＭはスパイ行為を行っているとしてバトラーを批判した。当時、ＵＮＳＣＯＭの査察官は各国からの派遣要員で構成されていたため、一部の査察官は自国に情報を流しているとの疑念があった。特に米国の場合そうだった。こうして、一九九八年末に米国がイラク爆撃を実行したのを受けてＵＮＳＣＯＭはイラクから撤退した。アナン事務総長はこの空爆前、「石油と食糧交換計画」で人道支援活動に従事していた約四〇〇人の国連職員を撤退させない決断をした。人道支援活動の継続は必要との判断だった。だが、査察活動はその後四年の空白を迎えることになる。

九・一一とイラク

イラク問題が再燃するのは、二〇〇一年の九・一一米国への同時テロ攻撃からしばらく経ってのことだった。米国はジョージ・W・ブッシュ大統領（息子）が二〇〇一年一月に就任し、副大統領にはネオコンと呼ばれる新保守派のディック・チェイニーが就き、国防大臣にはやはり保守派のドナルド・ラムズフェルトが任命され、その他多くのネオコンが政権の主要ポストに就いて、政権自体が保守化した。その中で九・一一が起きたのである。この事件はアルカーイダ・テロ組織によるこれまでに例を見ない大胆な対米テロ攻撃だったため、その後、ブッシュ大統領は「対テロ戦争」を宣言し、対テロ戦争のための先制攻撃をドクトリン化した。

九・一一の一週間後もう一つ大事な事件が起きた。それは粉末に含まれた炭疽菌が封筒で配達され、これに触れた受け取り先の報道機関や民主党議員、その他の人達など、計五人が死亡し、一七人が感染した事件だった。二度にわたって送られた封筒は九月一八日と一〇月九日付けだった。当然ながらテロ組織との関連が憶測された。粉末状の乾いた（ドライ）炭疽菌が空中散布のヘリコプターでニューヨークなどの大都市に空から蒔かれたらどうなるか。炭疽菌は路上の通行人だけでなく空調設備などを通じてビルの中まで浸透し、多くの犠牲者が出ることが考えられた。炭疽菌は生物なので、化学兵器のようにあまり時差なく死亡するのではないため治療の余地はあるが、極めて危険な生物兵器になる。九・一一テロ攻撃に加わったアルカーイダのメンバーがフロリダの飛行訓練所に飛行訓練の応募をしたとの情報も流れ、テロリストとの関係が懸念された。このドライ炭疽菌は後日アメス系のものと断定され、その製造には高度な技術が必要なため、米国のラボで製造された可能性が高いとされた。そして、数年にわたる調査の結果ある科学者の名前が浮上したが、結果は白であった。次にもう一人の科学者の名前が挙がったが、この科学者はその後自殺した。

問題は、アルカーイダと大量破壊兵器との関連が懸念され、アルカーイダが大量破壊兵器を過去に生産し兵器化した実績のあるイラクと接触しているという情報を、ブッシュ政権が信じてしまったことだった。イラクがアルカーイダと手を組み、アルカーイダに大量破壊兵器が渡った場合、これは米国に対する極めて深刻な国家安全保障に関わる脅威だと見た。さらに、ブッシュ政権は、イラクが大量破壊兵器を隠蔽している、あるいは再開発していると強く信じており、イラクの大量破壊兵器は他のアラブ諸国やイスラエルへの脅威でもあると見ていた。従って、このイラクのサダム・フセイン政権を倒すことが不可欠と結論づけたのである。

国連の大量破壊兵器査察再開へ

米国のイラク戦争への決断はいつだったかについては多々議論があるが、少なくとも二〇〇二年の夏までには戦争準備をかなり進ませていた。二〇〇二年九月一二日に行われたブッシュ大統領の国連での演説は、米国の決断が近いことを漂わせた。その主眼点は、イラクはアルカーイダと手を結び匿っており、湾岸戦争停戦条件に違犯して大量破壊兵器や長距離ミサイルの再開発を進めている、よって極めて危険で、これに対処しなければならない、というものである。さらに、個人的な因縁（父暗殺の企て）も加えている。

この時点では、イギリスは米国と同調しているが、安保理常任理事国のフランスやロシア、中国は安保理決議なしの単独イラク攻撃には反対していた。一方で戦争準備をしながら、できるだけ広範囲な国際社会の支持を得るため、米国はイラクに最後のチャンスを与えることにした。しかし、その前提にはイラクは安保理決議を順守しないだろう、という読みがあった。このころから年末にかけて、米国は湾岸地域に軍事力を展開していった。

安保理は一一月八日決議一四四一号を採択し、イラクに対し国連大量破壊兵器査察団の全面的受け入れを要求し、これが順守されない場合には「重大な結果」をもたらす、と警告した。この決議は画期的なものであった。国連の査察団にはこれまでにない強力な査察権限が与えられたのである。いわゆる「チャレンジ査察」に相当するもので、いつ、どこでも査察できる権限が与えられ、大統領宮殿や政府機関などへの制約もなくなった。個人面接による聞き取り調査については、イラク国内だけではなく、外国に家族共々連れ出してもできることになった。さらに、技術的なことだが、イラクは国籍により査察官の受け入れを拒否することができない、査察団員は国際公務員としての外交特権と免除が与えられる、大量破壊兵器に関与した人のリストの提出、国連警備員の配置、飛行機やヘリコプターなどを自由に飛ばす権限、大量破壊兵器を破壊し機器などを押収する権限など多くの権限が与えられた。一九九〇年代のUNSCOMを遥かに超える権限である。

この決議をイラクが受け入れたため、UNSCOMを一九九九年に継承した新たな国連監視検証査察委員会（UNMOVIC）と国際原子力機関（IAEA）が現地に展開することになった。UNMOVICの委員長には、一九九〇年代、IAEA事務局長を務めたスウェーデンのハンス・ブリックスが就任していた。IAEA事務局長はエジプトのモハメッド・エルバラダイだった。

バグダッド報道官任命

ブリックスは、今回の査察活動が戦争になるかならないかの極めて国際関心の高い問題であったため、国際メディアを扱える報道官をバグダッドに派遣する必要性を感じていた。ブリックスは後の安保理への説明で、「査察に関する正確な情報をメディアに流すために我々はバグダッドに報道官を滞在させるのだ」と述べている。UNMOVICにはUNSCOM時代から査察の広報をしていたイギリス人のユーウィン・ブキャナンがいたが、彼はUNMOVICの本部があるニューヨークの国連本部に残る必要があった。安保理への報告とか国連本部駐在の国際報道機関への対応が必要だったからである。ブキャナンは私に適当な人材はいないかと相談にきたが、イラク問題を扱ってきた国連職員は周りにはいなかった。そこで私が候補になることになった。

私は当時、すでに事務総長報道官室からは離れ、東ティモール国連派遣団の政務官兼副報道官を務めた後、広報局の平和安全保障課を担当していた。バグダッド報道官任命については最終的には事務総長のレベルまで判断が求められることが予想されたため、エックハート報道官にサポートを依頼した。また、国際原子力機関のニューヨーク事務所長をしていたグスタボ・ズラヴィネンは、UNSCOMのバトラー委員長の補佐官を経験しており、その時代からの知り合いだった。彼も私が適任としてサポートしてくれた。UNMOVIC広報官のブキャナンもブリックスに私を推薦した。

安保理で決議一四四一号が採択された直後、私はブリックスに面接を受けた。同席したのは副委員長のギリシャ人、ディミトリー・ペリコスだった。ペリコスは査察の実践部隊長のような「できる」人物だった。面接後、ブリックスは事務総長に私を提案したが、事務総長は報道官にはアラビア語のできる人が望ましいのではないか、と質問したという。ブリックスとIAEA側は、一九九〇年代のUNSCOMはバグダッドに報道官はおらず、アラビア語のできないイギリス人の職員が兼務していた、そして、バグダッドではむしろ国際メディアを扱える人が必要でアラビア語の必要はない、と進言したとのことだった。それを受けアナン事務総長はこの人事を了承してくれた。

イラクへ

安保理決議が採択されてからわずか一週間後、私は査察団のベースとなるキプロスのラーナカに着いた。ラーナカでのブリックスを囲む会合ではみな自己紹介したが、私の番の時、次のように述べた。「広報を担当します。バグダッドには片道キップです！」査察がどのくらい続くのか全くわからない状況の中での展開だった。一年くらいは行く覚悟はしていた。しかし、米国は戦争準備をしている。先は見えなかった。翌日、ラーナカからC－130輸送機でブリックスとエルバラダイを筆頭とした国連査察団の第一団の一員としてバグダッドに飛んだ。キプロスからレバノンのベイルート上空を経て、シリアからイラクに向かった。わずか二時間一五分くらいの飛行だった。

サダム・フセイン国際空港には多くの報道陣が待ち受けていた。ブリックス委員長が報道陣に対して決議一四四一号に基づく査察再開に関する挨拶をした後、宿舎のラシード・ホテルに向かった。ラシード・ホテルは政府経営のホテルで、外国からの要人はここに宿泊させられた。入口の外の床にはジョージ・ブッシュ大統領（父）のモザイク画が埋め込まれている。これを踏んで中に入るようになっていた。あたかも「踏絵」のようだった。湾岸戦争での敵である。イラクのブッシュ憎しの感情が読み取れた。ＩＡＥＡのグスタボ・ズラヴィネンが、「バトラー委員長が宿泊した際、応接間でタバコを吸っていたらスプリンクラーが作動し水浸しになってしまった。急いでスプリンクラーを取り換えてもらったが、スプリンクラーを外した後から盗聴器が見つかった」と教えてくれた。さっそく自分の部屋に行って鏡の裏やベッドの裏などを調べてみたが何も見つかるわけがない。そう簡単に見つからないようなところに隠しているのが常だ。

一一月一八日に行われたイラク側との会談では、ブリックス委員長とエルバラダイＩＡＥＡ事務局長は安保理決議一四四一号履行の重要さを指摘したが、ブリックス委員長は特に安保理決議で決議採択から三〇日以内に要求された新たな包括的申告書の提出に触れ、その内容の包括性を強調した。さらに、以前から懸案の一つであった大量破壊兵器開発等に従事した科学者の全リストの提出を要求した。メディアに関しては、査察に付いて回ることはあっても査察の現場に立ち入ることは許されないことを伝えた。イラクがメディアを自国に有利に使う意図が見えていたためである。一九九〇年代に起きたイラクとUNSCOMの間のメディアを使った非難合戦を避けるために釘を刺したのであった。

その日、査察団の本部となる「カナル・ホテル」を訪れた。バグダッド郊外にある。以前はホテルだった。また、イラクは灌漑施設が豊富で、特にバグダッドはチグリス川沿いにあり、この付近には多くの「カナル」(運河)があった。そこからホテルの名前がついたのであろう。カナル・ホテルは「石油と食糧交換計画」の人道援助に携わっている国連職員の本部でもあった。彼らは一階と二階を使用していた。査察団は三階にオフィスがあったが、入口には鍵がかけてあった。我々の前身のUNSCOMが一九九八年一一月に退去した時、夜中に急遽飛行機で退去したため、多くの物が残されたままだった。冷蔵庫を開けるとハイネッケンビールが山とあった。クリスマスのデコレーションもあり、当時クリスマスの用意をしていたようすが伺えた。衣類も多く残っていた。四年にわたって空室だったので埃だらけで、壊れた窓ガラスから鳩が入っていたらしく、机の埃には鳩の足跡がたくさん付いていた。しかし、人道支援関係者が数百人働いていることもあり、会議室やカフェテリア、駐車場などの施設はしっかりしてあった。

査察準備

ブリックスやエルバラダイがバグダッドを離れると、今度は派遣第一団の仕事が始まった。第一団にはバグダッドの査察センター所長、広報担当の私、それに車両や輸送を扱うロジ（兵站）担当やコミュニケーション、コンピューターなどの専門家、行財政担当、それに警備員などが含まれていた。医療と通信はニュージーランドが、査察センターの修復作業などはスイスが人員を提供した。まず、別なホテルに移り居を構えた後、カナル・ホテルの本部再建に取りかかった。査察要員が到着するのは少し先のことだった。

ニューヨークでブリックスに面接された時、どのような情報なら報道陣に流しても良いか問いただした。ブリックスは「査察団がどこに行ったかくらいは言っても良いだろう」とのアドバイスだった。しかし、どこに行ったかくらいの情報では報道官の仕事にならない。「どのような施設を査察したかまで伝えても良いか」と聞くと、「そのくらいの情報は伝えても良いだろう」との返事だった。大量破壊兵器の査察という極めて微妙でかつ大きな政治問題に関する情報の取り扱いのため、報道機関に公開できる情報には限度があった。しかし、何らかの役に立つ情報を流せなければ意味がない。事務総長報道官室で多くの報道陣を相手に仕事をしてきた私の勘だった。後はその情報をどう伝えるかだった。

カナル・ホテルには連日多くの各国の記者団が詰めかけた。情報取りである。バグダッドで公式に

2002年11月、バグダッドの国連事務所にてCNNやNHKなど国際メディアに査察開始の予定を伝える

報道陣に対して発言できるのは私一人だった。当初からその対応に追われた。査察要員の第一行が間もなくバグダッドに向かうとの情報が入った。まだ記者会見の準備もできていない状況だったので、カフェテリアに記者団を集めて即席の記者発表を行った。査察要員の到着日の発表だった。

査察活動再開とその報道

ペリコス副委員長率いるUNMOVIC査察要員とフランス人でイラク査察経験のあるジャック・ボート率いるIAEAの査察要員の第一団が到着し、一一月二七日に査察が開始された。査察再開ということもあり、多くの報道陣が詰め寄せたため、記者会見を準備した。この中で、ペリコスはこの日アル・ラファの二つの施設を査察したことを発表した。一つはグラファイト生産工場で、もう一つはミサイルエンジン製造工場だった。どうしてグラファイト工場を査察したのか聞かれ、ペリコスは、グラファイトは鉛筆にも使われるが、大気圏に再エントリーするミサイルの先端のコーン部分にも使われる、と説明した。ボーテはＩＡＥＡチームはアル・タヒディ科学研究センターを査察したが、ここは以前にも査察したことがあったことを発表した。この会見の模様をまとめ、私の名前で記者声明を発出した。ＵＮＭＯＶＩＣは一一人、ＩＡＥＡは六人の査察官で構成されていたことも付け加えた。

翌二八日と二九日にも記者会見を開いた。二八日の記者会見では、冒頭私の方から当日の査察状況を説明した後、査察チームリーダーに補足をしてもらった。二九日の記者会見は私一人で行い、ＵＮＭＯＶＩＣチームはバラード化学防衛部隊の査察を行い、この部隊は化学兵器や生物兵器、放射能兵器からの自己防衛の訓練をするところで、国防省直属の部隊であることから「センシティブ」な（イラク側が抵抗しかねない）箇所であるが、事前通報なしの査察は順調に完了したと述べた。この査察の目的は何かと聞かれ、ここでは一九九八年からの活動を調べるとともに化学兵器や生物兵器に使用されるものがあるかどうか、製造に必要な機器類があるかどうかの査察だったと答えた。ＩＡＥＡチームについては、ウム・アル・マーリク社とアル・マーラド社を査察し、後者は以前核開発に使われる遠心分離機があったところであることを発表した。

さらに、ＩＡＥＡチームは、アル・カカー社から空気のサンプルを摂取する機器を取り外したことを付け加えた。これに対し、記者団の方から、査察されたイラク側はＩＡＥＡチームから査察の事前通告を受けたと言っているが、事前通告は違反行為ではないか、との質問があった。これについては

2002年末にバグダッド空港で査察要員の到着を迎える

ＩＡＥＡチームから知らされていなかったので、記者会見後すぐ調べて、記者声明を出す際に、二カ所についてはビデオカメラの状況を調べたり、空気のサンプル機器の取り外しにイラク側の協力が必要だったために事前通告したが、このような場合を除いては事前通告はしない、と付け加えた。

報道陣は、国連の査察チームがカナル・ホテルを毎朝出発するのを待ち構え、その後を追って行った。査察チームにはイラク監視局の人達が付いてくる。国連はどこを査察するかは事前通告しないため、最初東に向かい、途中で戻って、今度は北上する、南下するといった錯乱戦術を取った。査察ではどこを査察するかイラク側にわからないことが重要だった。場合によっては高スピードで走ることもあった。長い車列ができる。最後の方は報道陣だったが、中には無理をして事故にあったりした人達も出てきた。査察先では国連の査察チームを追って査察現場に入ることはできなかったので、査察チームが出てくると、査察されたイラク側から情報を取っていた。国連の査察チームは無言のまま立ち去る。イラク側は当然「何も隠していない」「大量破壊兵器などとは関係がない」との一点張りだった。そうすることでイラクには大量破壊兵器はないと強調する作戦だった。そのため、私が提供する記者声明が貴重な情報源となった。

私が紙の形で査察活動を報道し始めてから数日後、今度はイラク側が国連の査察活動に関する声明を出し始めた。生物兵器チームのリーダーでアラビア語のできる人が教えてくれたことだが、夕方テレビを見ているとトークショーがあり、これにイラク政府の閣僚が出ていた。電話での問い合わせもあり、その中で、誰かが「イラク政府は国連の査察活動に関し何らの情報も提供してくれていない」と苦情を呈したというのだ。そのようなことが影響したのかどうかわからないが、兎に角、イラク側も国連に負けまいと記者声明を出し始めたのである。ただ、内容はかなり雑なもので、査察チームリーダーの名前なども聞いた発音から憶測して書いていたため、間違いも多かった。

宮殿査察

査察活動の中でも大統領宮殿の査察は依然政治的に微妙なものだった。しかし、安保理決議一四四一号では査察団はいつ、どこでも査察できる強力な権限を与えられていた。一二月三日イラクの対応を見る良い機会が到来した。

この日、ペリコス副委員長率いる査察チームは複雑なルートを通った後、バグダッド近郊でチグリス河西岸にあるシジュード宮殿の入口に到着した。裏口のところにも車を着けた。当然予告なしの査察だ。中にいるイラクの職員達も少し慌てたようで、「少しだけ外で待って欲しい」と言ってきた。大統領宮殿なので、相手も当局に連絡する必要があったのであろう。ペリコスは多少の時間であれば問題ないと判断し、返事を待った。約一〇分後、査察チームは中へ通された。そして中をくまなく探したが、大量破壊兵器に関連するようなものは何もなかった。無事終了してUNMOVIC本部に帰ってきた。査察の模様をペリコスに聞くと、「特に目ぼしいものはなかったが、冷蔵庫にマーマレードが沢山あったよ」と笑いながら教えてくれた。マーマレードは当然外国産のもので、この宮殿はゲストハウスとして使われているようだった。

翌日、ペリコス率いる査察チームはバグダッドから北に一四〇キロ行ったところにあるムサンナの施設を査察した。この施設はイラクの製造した化学兵器を多く破壊したところだったが、一九九八年末にUNSCOMの査察チームが撤退する際ある程度のマスタード化学兵器を残していった。今回の査察ではこの化学兵器がそのまま貯蔵されて残っているかどうかを調べたのだった。結果は、残されたマスタード兵器は実践化され砲弾に入ったものと特別な容器に入れられたものすべて貯蔵されたままになっていた。

イラクの申告書提出

イラクは決議一四四一号の下、再度包括的かつ全面的な大量破壊兵器に関する申告書を安保理決議から三〇日以内に提出することになっていた。この期限が一二月八日と迫ってきた。イラクは一九九一年に提出した最初の申告書から多くの事実を隠蔽していたこともあり、それ以降の申告書にも信憑性はなかったが、今度はイラクに与えられた最後の機会だった。この申告書は一万ページを超えるものと予想されたため、紙ではなくCDのディスクに入れる形で提出することになった。しかし、このことは報道陣には発表されなかった。

この申告書の提出は当然メディアの大きな関心事項だった。そのため、私もキプロスまで国連機で同行することになった。このCDのディスクは黒いカバンの中に入れられ、UNMOVICの法務官が携行した。この国連機には警備官も乗り込んだが、この警備官はUNSCOMの時にもバグダッド勤務をしており、一九九九年一一月に避難した時、以前に買ったカーペットをそのままバグダッドに残しておいた。そのため、今回はそれをニューヨークまで持って帰るために大きな箱にそれを詰めた。キプロスのラーナカ空港に着くと、待っていた記者団はこの箱めがけて突進し写真を撮り始めた。この箱に一万ページを超えるイラクの申告書が入っていると勘違いしたのである。私は報道陣にその箱には申告書は入っていないと話したがすでに時は遅しだった。通信社は即この箱の写真を載せてしまったのである。

このイラクの申告書には大量破壊兵器に関する詳細が書いてある。大量破壊兵器製造の技術やその他の極秘情報も含まれている。これをそのまま安保理に提出すると大量破壊兵器の拡散にもつながりかねない可能性があったことから、常任理事国以外への理事国には極秘情報を消したものが配布された。常任理事国はそのような技術や情報はすでに持っていた。

査察体制とバグダッドの生活

UNMOVICの査察もIAEAの査察もその後順調に進んでいた。UNMOVICの査察チームは化学兵器、生物兵器、ミサイルの三つのチームに加えて、三つの分野を横断する問題を扱う多面的分野チームが活動していた。IAEAは核開発に関する査察のためウィーン本部とローテーションを組んで一チームで活動をしていた。一二月一五日の時点でUNMOVICの査察官が八六人、IAEAが一九人、合計一〇五人で査察が行われていた。これにカナル・ホテルの査察センターに勤務する職員がセンター所長、報道官、コミュニケーションや車両、物資担当、コンピューター担当、警備員などあわせて一〇〇人近く働いていた。

これだけの人数になるとホテルの室数が足りなくなることから、新たにいくつかのホテルを探した。その一つは前年に建てられたというホテルで、たまたま私が食糧や飲み物を買いに宿泊していたホテルの近くを歩いている時に見つけたものだった。私と査察センターの職員の多くがこのホテルに泊まることになった。ホテルのフロントには現地の人が働いていたが、ある時その中の一人の女性を政府経営のラシード・ホテルのロビーで見かけたことがある。ラシード・ホテルにはイラク政府の諜報室があると噂されていたこともあり、この女性はイラク政府のスパイだろうと憶測できた。

イラクはアラブ諸国の中でも進歩的だった。町の中には酒屋さんが多くあるのには驚いた。よく聞くと、以前はレストランでもお酒は飲めたが、一九九〇年代の半ばからサダム・フセイン大統領が宗教に熱心になったため、公の場でお酒を飲むことは禁止された。しかし、自宅で飲むことは許されているとのことだった。ホテルの近くの酒屋さんに行くと、店内にはお酒が山積みになっていた。ウィスキーからワインまで種類は豊富だった。経済制裁はまだ課されていたが、闇取引は盛んに行われていた。ある時、化学兵器チームが酒工場を査察した。帰ってくる時に一ダースの酒類を持ってきた。査察センター所長によると、その工場で帰り際にくれたので、査察チームは断るのは失礼だと思い、持ってきたのだという。中身を見ると、ウィスキー、ジンに中東のリキュールであるアラクの三種類あった。次の日には、すでにすべて査察センター所長室から消えていた。

私は日中は報道陣への対応に追われ、数えきれないほどのインタビューをこなした。すべて外国の報道機関で、イラクのメディアからのインタビューや情報の要請は一切なかった。イラクのメディアは、情報はすべて政府から取っていた。全体主義的な国の特徴だった。BBCやCNN、ロイターやAPなどの通信社は即情報を流すため、誤報も多い。テレビやインターネットを通じて報道を追い、国連の査察活動に関する誤報はすぐにバグダッドの情報源に連絡をして直してもらった。NHKとは生インタビューを二回ほど行った。イラクと日本は比較的関係が良かったため、NHKに対しても厚遇扱いだった。

午後遅くから夕方にかけて、査察チームがカナル・ホテルの査察センターに戻ってくると、すぐチームリーダーのところに行ってその日の査察活動に関する情報を入手し、ほとんどの場合、私が公表できる情報を選別して記者声明を準備した。締め切りは夕方の八時、ニューヨークの一二時、ちょうど定例記者会見が始まる時間だった。

記者声明を出すと、時には国連ラジオに電話でその日の査察状況を報告したりしたが、そうでない時には車でホテルに戻ってそこで夕食を取るか、町に繰り出して記者団の人達や国連関係の人達と食事に出ることも多かった。UNと横に書かれたマークを付けたランドクルーザーを運転しながらバグダッドの町中を走るのである。国連査察団に危害が加わった場合にはイラク政府の責任になる。場合によっては戦争になる場合もあるため、危険を感じたことはなかった。また、イラクはサダム・フセインの独裁体制であったため、バグダッドの治安は極めて良かったと言わざるを得ない。皮肉なものである。サダム・フセインの息子のクサイが友達というあるレストランでは、ギターリストが米国の歌手ジョン・デンバーの歌を歌っていたのが印象的だった。米国は敵でも、米国の文化に対する憧れは強かった。これも皮肉なことだった。

金曜日は礼拝の日で査察作業が行われないこともあり、査察官の人達に連れられてバグダッドの南にあるバビロンの美術館と遺跡を見に行ったこともある。遺跡の一角には獣を足で踏み倒しているライオンの像があった。回廊にある遺跡の壁にはバビロン時代の空想的な動物のレリーフがまだそのまま残っていた。この部分は回廊の下側で、上側はそのままベルリンの美術館にあるとの説明だった。その遺跡から数キロ先に丘の上にそびえたつ宮殿が見えた。サダム・フセインの所有する宮殿の一つだった。

科学者の個人面接

安保理決議一四四一号では、以前大量破壊兵器の開発に関わった科学者に個人面接をする権限が与えられていた。イラクの申告書や文書では十分にわからない問題については、これらの科学者が情報を持っているはずなので、直接聞き取り調査を行うことが不可欠と見られていた。しかし、この聞き取り調査は慎重に進める必要があった。というのは、当時のイラクのような全体主義的な国では科学者が国連の査察官に協力すると当然ながら不信がられる。場合によっては職を失ったり、家族に危害が加えられたりといった報復措置を取られかねないからである。ある査察官によると、一九九〇年代にあるイラクの科学者が娘を交通事故で亡くしたという。その科学者は、これは事故ではなく政府の仕業ではないかと勘繰っていた。というのはこの科学者が国連の査察団に協力していたからだと思っていたという。過去大量破壊兵器開発に関与した人のリストは一二月末までに提出されることになっており、実際イラクは五〇〇人を超えるリストを提出したが、ＵＮＭＯＶＩＣはこのリストは不十分として、さらに追加リストを要求した。ただ、ＵＮＭＯＶＩＣは一二月の時点ではまだ個人面接は予定にいれていなかった。

ところが、一二月二四日、ＩＡＥＡチームがバグダッド工科大学を査察した際、ある科学者に個人面接を要請した。その科学者はこれを受けたが、イラク当局者の同行を条件とした。ＩＡＥＡチームはこの条件を受け入れ、大学構内のプライベートな部屋でこの面接を行った。イラク当局者の同行があったため、真の「個人面接」ではなかったが、とりあえず個人面接への道を開いた。

一二月二六日、ＩＡＥＡチームは強度の高いアルミニウム管に関する協議をイラク側と行い、そのような管を扱う民間の会社を査察した。この会社が外国からそのような管を輸入しようとしていたからだった。強度の高いアルミ管は核開発に必要な濃縮ウランを製造する遠心分離機に使われうる。翌日、ＩＡＥＡチームはアルミ管専門の冶金士のカセム・ムジベル博士に個人面接を申し込んだ。ムジベル博士は政府が経営しているラシード・ホテルでの個人面接を受け入れた。

この面接を終え査察センターに戻ったＩＡＥＡの査察チームのリーダーは、私が情報を取りに行くと、興奮してこの模様を教えてくれた。しかし、私は核開発の専門家ではないため、彼に発表の下書きをお願いした。その下書きはかなり成果のある面接だったと述べていた。文章の表現が微妙で少し心配になったので、念のためこの原稿を査察センター所長に見てもらうことにした。この所長はＩＡＥＡに長く務めており、内容に詳しかった。何回か原稿を読んだ後、所長はよく読めばこの科学者が核開発に関与しているとは書いていないことから、出しても良いだろうと判断した。そこで、その原稿は他の査察情報と一緒に私の名前で記者声明に入れて発出した。

ところが、査察センターのオフィスに戻ってテレビをつけてみると、何とイラクが記者会見を行っているではないか。イラク査察モニター局長のアミン将軍の横で、ムジベル博士が強い調子で、自分は核開発には一切関与していない、と国連の記者声明を非難していた。この反応には驚き、すぐIAEA査察チームリーダーのところに行って状況を説明した。彼も驚き困惑しているようすだったので、私の方から、たまたま翌日記者会見を予定しているので、その席で記者声明の補足説明をしておこう、と進言した。すぐそのための原稿を用意した。ムジベル博士を容疑者扱いしているわけではないので、補足説明をすれば問題は鎮静するだろうと彼には言っておいた。ただ、これだけ大きなニュースになると国連本部とIAEA本部に知らせておく必要があると思い、両方の報道官や他の関係者に電話を入れたがぜんぜんつながらない。クリスマス休暇でみないないなかったのだ。仕方なく、原稿を査察センター所長に見てもらい、そのまま記者会見に臨むことにした。

次の日、カナル・ホテル一階の記者会見場に行くと、大きなホールは記者団で一杯だった。テレビカメラだけで何と一五台もある。記者達は前の席から溢れ出ていた。八〇人くらいいただろうか。何せBBCやCNNで昨日のイラク側の記者会見が放映されていた。イラク側の国連非難にどう国連が答えるか、大きな関心事項になっていたのである。この記者会見では、ムジベル博士が過去核開発に従事していなかったことは承知していることを述べた後、イラクに現在核開発があると考えているわけではなく、アルミ管を調べることにより国連査察が行われなかった過去四年間に核開発活動が行われたかどうかを判断する材料が得られただけであることを説明した。この時の記者会見はCNNが全部報道し、世界中に流れた。UNMOVICの行政部長がニューヨークに戻る途中ロンドンに立ち寄り、そこから電話してきて、空港でもホテルでも私の顔が映っていたと興奮気味に伝えてきた。私にとってはイラク側との衝突や非難合戦を無用に起こさないことが大使命だった。予想通り、この件は間もなくニュースの世界から消えた。シェイクスピアの「Much Ado about Nothing」（空騒ぎ）という劇にも似た出来事だった。

モスールへ

年が明けてから多面的分野査察チームと一緒に北の大都市モスールに行くことにした。それまで査察チームに便乗して査察の場所に行ったことは何度かあったが、バグダッドを離れたことはなかった。この遠征にはＮＨＫの中東専門家出川展恒記者とカメラマンが同行した。

モスールの小さなホテルに泊まった。ホテルの裏の窓からはハムラビ王の宮殿があったとされる遺跡が見えた。ゆっくり遺跡見学などしている時間はなかったが、町の中を少し歩いて回った。店頭にはいろいろな電化製品や衣類、雑貨などの商品が並んでおり、トルコやシリアに近いせいか、バグダッドよりも物が豊富だった。

翌日、査察のためにホテルを離れたが、最初ある方向に行く振りをしてまた戻り、今度は別方向に向かった。例の企まし戦術である。着いたところは病院だった。病院の倉庫から地下室までいたる所を回った後、院長室で病院の関係者と会見した。特に何かが見つかったわけではなかったが、いかにも何もなさそうな所を査察しておくことも大事だった。

バグダッドとモスール間は約四〇〇キロある。南北に舗装道路のハイウェイが一本走っているだけである。道路の両側はほとんどが砂漠だった。年末年頭は雨季に相当する。それほど雨が降るわけではないが、結構いたる所で草が生えていたのが印象的だった。途中で給油したが、そこで砂糖の入った甘い「チャイ」(茶)を飲んで一服した。他にはこれと言って食べられるものもなかった。

スパイ疑念とモスク騒動

バグダッドに戻るや否や、イラク側が国連の査察団をスパイ扱いにする報道が出てきた。この手法は一九九〇年代のUNSCOM時代によくイラクが使ったものだが、まるっきり根拠がないものではなかった。今度の査察では査察要員の採用にも気を使い、査察要員は加盟国から派遣された要員ではなく国際公務員として雇われた。国際公務員である以上各国からの指令は受け取らない義務があるためである。そしてスパイ活動と疑われるような行為がないように注意してきた。ただ、査察団の中には米国人もいたことから、イラク側の疑念が現われてきてもおかしくはなかった。問題は年頭にそのような報道が出てきたことにどのような意味があるのかであった。イラクが非協力とされた場合国連にその批判の矛先を向けようとしたのか、戦争準備を進めている米国への対抗か、いろいろ考えられたが、とりあえずそのような報道にはキチンと対応しておく必要があると判断し、年頭の最初の記者会見で、国連の査察要員はスパイではないと明確に発言しておいた。

ところが、それからしばらくしてモスク騒動が起きた。一月一九日の日曜日、四人の査察官が休みを利用して町中を走っていると綺麗なモスクに出会った。車を止めモスクの周りを歩いているとモスク主のシークが出てきて中に招待した。そして通訳を介して中を案内したくれたのだ。興味を持った査察官は時々質問をしたりした。別れ際にはまた来てくださいと挨拶したという。ところがイラク側は、これはモスクの査察だと言い張って記者会見で国連側を批判した。モスクはお祈りの場であり、その査察はできないことはなかったが、政治的に微妙なことからよほどの信頼できる情報がなければ査察の対象には考えていない所だった。こちらは四人の査察官から状況を聞いたが、記者会見に出てきたシークはモスクの中を案内してくれた人とは違うという。イラクはまた国連の査察活動を批判できる口実を探しているのだろうか。数日後の二三日、記者声明の中でこの事情を説明し、モスク査察は行っていない、と明確に否定した。

一月中旬には二つの大きな出来事があった。一六日にはまずイラク人科学者二人の自宅を抜き打ち査察した。そのうちの一人の自宅からは核開発に関する文書のコピーが出てきた。一九九〇年代初頭に書かれたもので、他の文書に紛れて入っていたという。イラク側は出せるものはもはや何もないと言っていたのを覆す良い材料になると思われた。もう一つの出来事は化学兵器チームがウハイデル武器貯蔵庫で一二基の口径一一二ミリミサイル弾頭を発見したということだった。一二基のうち一一基は空だったが、残りの一基は何か詰まっておりさらに検証する必要があった。この弾頭はイラン・イラク戦争でも使われたもので、マスタードを詰めることのできる化学兵器を搭載できる弾頭だった。ペリコス副委員長に確かめたが、この情報はそのまま出しても良いとのことだった。発表してから間もなく、これは大量破壊兵器を隠蔽している証拠かとのニュースにもなった。いわゆる「スモーキング・ガン」（発砲した直後に出る煙を伴う銃とのことで「使用した証拠」を意味する）かとも疑われたが、新たなものではないことを後で付け加えた。残りの一基についても後日エックス線で調べた結果化学兵器ではないことがわかった。イラク側はこの発見に驚き、ハイレベルの調査委員会を設置して独自の調査をした結果、後で同じような砲弾が四基見つかったと報告してきた。

イラク側との再会談と安保理への報告

一月中旬ブリックスＵＮＭＯＶＩＣ委員長とエルバラダイＩＡＥＡ事務局長が再度イラクを訪問した。国連は査察開始から六〇日間以内に査察状況を報告する義務を与えられていたため、大きな進展のない査察活動に対して再度イラク側の全面的かつ積極的な協力を要請するものだった。

イラク側は会談の中でももう出すものは何もないことを強調した。これに対し、特にブリックス委員長は進展のない科学者との個人面接なども含めより積極的なイラク側の対応が必要であることを強く伝えた。ＵＮＭＯＶＩＣによる聞き取り調査は一月中旬に始めようとしたが、面接を要請されたイラク人は一様に別なイラク人の同席を要求してきた。これはＵＮＭＯＶＩＣにとっては受け入れられるものではなかった。国連はイラクの科学者を家族ごと海外に招聘して個人面接をする権限も与えられていたが、ブリックス委員長はこれには極めて慎重で、海外への亡命を認めるようなものだと話していた。結局そのようなケースは一度もなかった。

一月二七日、ブリックスとエルバラダイは安保理に査察活動の進捗状況を報告した。エルバラダイの報告はこれまでにイラクが核の再開発をしている証拠はまだないとの比較的簡単なものであったが、ブリックスの報告はイラクに対して「これまで積極的に協力しているとは思われない」とのかなり批判的なものだった。先のバグダッドでの会談でも確かにイラクの態度は頑なな一面はあったが、ブリックスはバグダッドでの記者会見ではもう少し希望的な観測をしていた。安保理からのより強いイラクへの協力要請を期待していたのであろうか。

バグダッドでこのブリックスの安保理報告を聞いた時には、ちょっとイラクに批判的すぎるのではないか、米国はここぞとばかりに戦争へのはずみをつけるのではないか、と一抹の不安を覚えた。

ブッシュ大統領の年次教書メッセージとパウウェル国務長官の安保理演説

翌一月二八日のブッシュ大統領の議会での年次教書演説はイラクに対してかなり厳しいものとなった。イラクは多くの大量破壊兵器製造物資を隠している、核開発は諦めておらずアフリカから大量のウランを購入している、国連の査察活動には協力していない、アルカーイダを含むテロ組織と手を組んでいる、といった内容で、イラクが大量破壊兵器を破壊しなければ米国がこれを破壊する意図を明確にしたものだった。

これを受け、二月五日には安保理が開催され、コリン・パウウェル国務長官が写真や録音を披露しながら、イラクの大量破壊兵器隠蔽活動を暴露する演説を行った。これに対しては、フランスのドミニーク・ヴィユパン外相などがイラク戦争反対の演説を行い、国連の査察活動にもっと時間を与えるようアピールした。

このパウウェル演説は、米国の戦争決断が間近であることを示唆していた。イラク側もこのままでは戦争になると危惧したようだった。数日後、再度バグダッドを訪問したブリックス委員長にイラク側は生物兵器を破壊した場所がまだ残っていると伝えてきた。また、一九九一年夏に化学兵器廃棄に関与した関係者八三のリストも提出し、炭疽菌とその培養物質、ミサイル製造に関する文書なども提供してきた。内容的には必ずしも新たなものではなかったが、イラク側のより積極的な協力の姿勢を見せるものだった。イラク側は科学者の個人面接でもイラク当局の同行者なしの面接に応じてきた。何もないと言ってきたイラクの姿勢が変わったのである。この個人面接は私の宿泊しているホテルの一角で行われた。ただ、同行者なしでもテープレコーダーでの録音を要求するケースが出てきたため、一度は暗礁に乗り上げたが、録音されたものを封印保管することによってこの問題を処理した。結局半数くらいが録音なしの面接に応じた。録音はイラク当局の圧力というより面接されるイラク人が自分の保身のために要求してきたのでないかと憶測された。

イラクの協力と査察活動の進展

イラクの協力で特に進展のあったのが、以前破壊された生物兵器弾頭の回収だった。イラクは生物兵器爆弾Ｒ－４００をすでに兵器化して製造していたが、長年この事実を隠し、一九九一年の夏には一方的に破壊していた。一九九五年にこの事実を認めた後発掘作業が行われ、ある程度までは回収できたが、まだ文書で残されていた製造したはずの総数には足りなかった。二〇〇三年二月の発掘作業で約一五〇の総数に対して一〇〇を超える数には達したが、まだ全部は回収できなかった。

ムサンナの貯蔵庫に残されていたマスタード化学兵器も破壊されなければならなかった。化学兵器チームは二月末にマスタードが入っている一〇個を含めた計一四個の一五五ミリ砲弾とプラスチック容器に入った計四〇キロのマスタードを破壊したが、砲弾に穴を開け中和材を投入する際、穴を開けるドリルが壊れてしまい、次の日により強力なドリルを使うことになった。この作業はかなり怖かったと作業を行った査察官が後で教えてくれた。風下にいてマスタードに触れた場合には命の危険もあったからだ。

二月末には国連による偵察機の飛行も実現した。これはイラク側が軍事情報を米国などに入手されるのではないかとして懸念していたが、最初に実現したのはフランスのミラージュ4型機を使ったものだった。その後米国のU－2偵察機も飛べるようになった。国連はイラクの懸念を払拭するために高度の高いところからと低いところから偵察ができる体制を作ったのである。査察活動の進展は私の毎日の記者声明で広く発表したが、欧米のプレスにはあまり大きく報道されなかったようだ。すでに戦争に向かう風雲の嵐は大きくなっていた。

中距離ミサイル破壊

二月末、UNMOVICのミサイル専門家はイラクが開発した「アル・サムード」ミサイル2型は安保理決議で許容されている射程一五〇キロを超える能力があると断定した。そしてこの破壊をイラクに通告した。イラクはこれを受け入れ、ミサイルの破壊は三月に入ってから始まった。

ミサイルの破壊が始まった初日、査察センター所長が破壊の写真を見せてくれた。最初イラク側は小さなブルドーザーを使用したが、ミサイルはそう簡単には壊れない。そのためもっと大きなブルドーザーを持ってきて壊すことにしたというのである。ただ、イラク側は破壊の報道はしても良いが、写真は表に出さないように要請してきたというのだ。写真が出るとイラクの弱腰の姿勢がイラク内外に知られることになり、これは政治的に受け入れられないと思ったのであろう。国連側としてはこの要請に特に問題が生じるとは思いっていなかったので、それに応じることにした。ミサイルは最終的に七二基破壊された。ほとんどが実践用のものだった。また、ミサイル製造用の施設も破壊した。製造中のものが残ったが、実践化にはほど遠いものだった。イラク戦争中イラクはミサイルを二基クウェートに打ち込んだが、それ以外は国連が破壊したことになった。

移動ラボ写真の提供

ブッシュ大統領の年頭演説の中で、イラクは移動式ラボを持っており、隠れて大量破壊兵器開発を行っているという批判があった。ブリックス委員長は三月七日の安保理への報告の中でこの問題にも触れ、そのような大量破壊兵器用移動式研究施設は見つかっていないとした。

イラクは三月中旬になってから移動式ラボを搭載したトラックの写真を何枚も送ってきた。査察の専門家に見せたところ、大量破壊兵器開発製造用のものではなく農業用のものだった。イラク側はそのような移動式トラックは持っていてもそれが大量破壊兵器開発用ではないことをアピールしたかったようだ。イラク査察モニター局のアミン将軍が電話をかけてきて、この一連の写真を国連側で発表してくれないかと頼んできた。イラク側が発表しても信じてくれないから、というのがその理由だった。私の方からは、これはイラク側が発表すべきものではないか、と返事しておいた。いずれにしても、この時点でそのような写真を発表したところで大きな政治的流れを変える状況にはなかった。米国はすでにイラク戦争への秒読みを開始していたのである。

ニューヨークでは、安保理を舞台に、決議一四四一号に次ぐ第二の決議を採択して武力行使を容認するかどうかで大きな政治交渉が展開していた。米国は、当初第二の決議採択に向け各国に働きかけたが、フランス、ロシア、中国の常任理事国の反対に加え、非常任理事国の中にもイラクへの武力行使は時期尚早と見る国が多く、第二の決議採択はいずれにしても困難な状況だった。米国としては拒否権行使で採択できなくても多数の理事国の賛成票があれば国際社会の大多数が米国主導の軍事行動を支持している証拠になることを期待していた。しかし、票読みの結果は芳しくなく、安保理決議採択に必要な一五票のうちの九票さえも得られない状況で、せいぜい七票くらいではないかとの憶測が強かった。そのため米国は安保理経由の武力行使を断念し、イギリスやスペインなどの有志連合で安保理決議なしの武力行使に踏み切った。これ以上待つと春の砂嵐の時期になることや、湾岸地域に展開させていた大規模な軍事力をそのまま長期に滞在させておくことはできなかった。戦争を起こせば比較的短期間に終結させせることができるとの読みもあった。後はいつ開始するかの問題であった。

撤退へ

三月一六日の日曜日、米国は国連とＩＡＥＡに対して査察団撤退の勧告をしてきた。時差の関係で、バグダッドの査察センターに撤退の命令が届いたのは翌日だった。もっとも、我々は撤退のことは実はテレビで知った。ＩＡＥＡの副報道官が米国の勧告によりＩＡＥＡ査察官の撤退を行うと公に発表してしまったのだった。

このころにはすでにバグダッド駐在の外交団や報道機関も人員の引き上げや縮小を進めていた。残っている報道関係者は国連査察団の撤退をイラク戦争開始のシグナルと見ていたため、私のところに頻繁に連絡をしてきていた。一九九八年にＵＮＳＣＯＭの査察団が夜逃げしたこともあって、今度の査察団も同じような行動を取るのではないかとの危惧もあったようだが、今度の戦争は全面的になることが予想されたため、「石油と食糧交換計画」に従事していた人道関係の国連職員も全員撤退させることになった。私は記者団に冗談半分に、私のところに電話をして「今不在です、寿司ランチに行っています」という録音を聞いたらもうバグダッドにはいないと了解してくれるように言っておいた。バグダッドに寿司を食べるところはなかった。つまり、私はもはやバグダッドにはいないというシグナルだった。実際は、すでにＩＡＥＡを通じて撤退が公表されてしまったので、その録音の必要はなくなっていた。

査察センターでは、すべての機器を持って帰ることはできないので、不必要なコンピューターのハードディスクなどは破壊された。査察団の退去は飛行機で行われることになっていたため、職員一人当たり一五キロしか機内に持ち込めなかった。戦争が起きる可能性はすでに二月には強く感じていたので、職員の多くは大きな荷物はキプロスのラーナカに運び貯蔵してあった。人道関係者の一部は陸路ヨルダンに向かい、戦争後再度イラクに戻る準備をしていた。撤退の命令は下ったが、査察チームは撤退の前日まで査察活動を続けた。

実際の退去はスムーズにいった。当初、湾岸戦争前に国連職員を含む多くの外国人が人質になったこともあって、イラク当局が国連職員の退去をスムーズに許してくれるかどうかの懸念もあったが、イラクはそうすることがむしろ戦争開始の口実に使われることを避けようと思ったのかも知れない。また、国連は米国の武力行使に支持を与えなかったこともあり、国連自体を敵とは見ていなかった。退去にはコンゴに使用されていたボーイング旅客機が動員されたため、査察団が使っていたＣ－１３０輸送機とあわせて二機で輸送が行われた。

査察センターからサダム・フセイン国際空港までは報道陣が付いてきた。国連撤退の歴史的場面である。車から降りるとすぐ報道陣に囲まれた。「我々が撤退しなければならないのは残念だ。我々は全力を尽くした。後はイラクの人達の幸運を祈る」そう発言して別れを告げた。

第八章　パレスチナ問題への関与

中東広報戦略の立て直し

イラクから帰った後は、しばらく再度広報局のパレスチナ・人権課で勤務することになる。私の最初の任務はイラク戦争で失った国連のイメージをいかに回復させるかに関する広報戦略会議を招集することだった。

イラク戦争では、戦争推進派からは国連は戦争を支持しなかったと批判され、戦争反対派からは国連は戦争を阻止することができなかったと批判され、板挟みになってしまった。イラク戦争後米国のイラク占領政策が続く中で、中東地域における国連のイメージはかなり悪くなっていた。国連は米国の言いなりになっているといったイメージだった。このイメージはイラクだけの問題ではなく、パレスチナ問題が解決していないことから出ている歴史的な問題にも起因していた。

二〇〇三年九月に最初の広報戦略会議を招集したが、これには広報局の関連部署の人達だけでなく、中東地域の国連広報センターの代表や国連機関で中東地域を扱っている人達などかなり広範囲な関係者が集まった。

中東では人々はどのように情報を入手するのか。テレビかラジオか新聞か。急速に発達してきたインターネットはどうか。議論を通じて、国によってだいぶ事情が違うことがわかってきた。一般にテレビのニュースが情報源になっていることが多かったが、エジプトやレバノンなどでは新聞の影響も強かった。テレビの場合、問題は国連の「官制」メッセージをどのようにお茶の間に届けるかであった。クイズ番組に国連に関する質問を入れてもらうといったいろいろなアイデアが上がったが、具体的にどうするかはその後の問題となった。

中東和平メディアセミナー

その後の私の主な任務は、広報局が主催して一九九五年から毎年行っている「中東和平国際メディアセミナー」を開催することや、パレスチナからの若いジャーナリストを養成する年次プログラムを実施することだった。これらのアイデアは、一九九三年のオスロ合意に基づく和平プロセスが足踏みをしている中で、パレスチナ側がパレスチナ問題をさらに国際化するために国連に要請してきたものだった。

メディアセミナーは毎年ホストしてくれる国を探すのだが、このプログラムはイスラエルや米国が反対しており、イスラエルはホスト国に対して政治的圧力をかけ、これを辞退させることも相次いだ。イスラエルとパレスチナの隠れた闘争の一つでもある。

苦労しながらも、私が直接関与しセミナーを実施したのは、北京、ウィーン、東京の三カ所であった。パレスチナのみならず、イスラエルからも参加者を呼ぶ。イスラエルの政府関係者は参加できないが、政府から離れた野党の議員や市長、学者、ジャーナリストなどを招待した。その意味では、パレスチナとイスラエルが公式の国連の会合で意見を交換し合う、あるいは言い合う、貴重な場でもある。二日間の会合で、初日の政治問題の討議では両国の主張がぶつかり合い険悪なムードが漂うが、会議の終わりまでには政治問題以外の問題も多く取り上げられ、両者の間の協調への模索が行われる。政治的に対立していても同じパレスチナの地に住む「オッド・カップル」（性格の異なる切っても切れないおかしなカップル）なのである。

北京のセミナーまでは議事録に似た報告書を作成したが、これに相当な時間がかかった。録音から会議の模様を書き起こすのだが、録音が良くなかったり、途中で切れたりしていたため、自分の記録したノートと見比べたり、議論を思い起こしたりして、何とか分厚い報告書を作成した。それまで何度か報告書作成に関与したすでに退職した元国連職員をコンサルタントとして雇い、英語の構成や中身のチェックをお願いしたが、報告書を印刷して配布するのに一年近くかかってしまった。一年も経つと、中東情勢は目まぐるしく変わってしまうことが多い。報告書の価値は労力の割合にはないのではないかと思うようになり、ウィーンの会議からは国連から連れてきたプレス・オフィサーが作成したプレス・リリースだけで済ませようということになった。

東京でのセミナーは国連大学本部で行ったが、中東問題は日本にとっても重要な外交案件であるため、外務大臣が出席して挨拶をしてくれた。二〇〇七年のことだった。その後、このセミナーは二〇一四年に再度東京で開催され、その時は上智大学がホストした。

若いパレスチナ人ジャーナリストの養成

パレスチナ人の住んでいる西岸やガザ地区には大学はあるが、ジャーナリストを養成するところはなかったため、若いジャーナリストの「タマゴ」を育てる目的で、パレスチナ人ジャーナリスト養成プログラムが誕生した。メディアは民主主義国家を支える一大柱である。オスロ合意が結実してパレスチナ国家が誕生した暁には、民主国家造りに貢献する役割が期待されたため、米国も政治的にはイスラエルの手前反対していたが、実質的にはサポートをしてくれていた。

毎年一〇名くらい招待するのだが、プログラムの宣伝は毎年二月ごろ地元の新聞広告やパレスチナ人難民を支援するUNRWAという国連パレスチナ難民救済事業機関などを通じて行った。五月までには第一次選考を終え、六月に電話面接を行った。この電話面接が大事だった。応募用紙に書いてある本人の経歴や人柄、英語力などを評価するのだが、ある時、電話をかけると本人がいないのでちょっと待ってくれと言う。応募用紙には本人の携帯電話の連絡先が書いてある。電話を取ったのは本人であるはずなのにとの疑念が湧いた。数分後に再度電話すると本人と名乗る人が出てきた。「あなたは本当に応募した人ですか」と問い詰めると、最初に出たのが本人ですとの答えが返ってきた。本人はあまり英語ができないので頼まれたと言う。国連のプログラムは英語で行われるので、英語がある程度のレベルに達していないのでは十分な研修にならない。先方から謝ってきた。残念ながらこの人は失格となった。ただ、このようなことは稀で、実際には若くて優秀な人が多かった。イスラエルの占領下にあるという特殊事情の中で育ってきた人達である。その環境から離れて外国研修ができるのは彼らにとっては最高の喜びだった。

事務総長との懇談と写真撮影

ニューヨークの研修中には事務総長との懇談会と写真撮影の機会を設けることが多いが、アナン事務総長の時にはなかなか良いタイミングを見つけることができなかったことがある。ある年は、アナンを長年助け私もよく知っている秘書との直接のやり取りの中で、事務総長がある会議に出席した後次の会合までちょっと時間があるので会議室の外で捕まえてはどうかというアドバイスがあった。急いでみなを集めて会議室の外で待たせた。私は会議室の中に入り、事務総長がスピーチを終えて出てくる時に一緒に歩いて、パレスチナ人ジャーナリスト達が待っているので一緒に写真撮影をしてくれるように依頼するとすぐオーケイが出た。

潘事務総長の時は、やはり事務総長秘書と連絡を取り合って、懇談や写真撮影の時間を取っても

パレスチナの若いジャーナリスト・トレーニング後潘基文事務総長と記念撮影。筆者は右端［国連フォト #162641/Evan Schneider］

らった。正直、正規のルートで事務総長との懇談などをセットしようとすると煩雑なことが多いし時間もかかる。その点顔見知りの秘書を通じると物事が早くなる。ただ、このような経路の使いすぎはいけないので、迷惑のかからない程度にしなければならないが。この時は、事前にジャーナリスト達の情報や質疑応答を揃えて提出しておいたが、実際の懇談の時には、事務総長はガザを訪問した時の話を持ち出して、中東和平への関与の説明をしていた。潘事務総長はあまり人々に感銘を与えるようなスピーチをしないという印象を与えているが、このように実際の自分の経験を基に話をする時にはやはり臨場感があり、話に重みがある。中東問題は事務総長にとっても重要な外交案件であるため、このようなジャーナリストの「タマゴ」との懇談でも重視しているのである。

ワシントンとジュネーブでの体験

ジャーナリスト養成プログラムは、ニューヨークの国連本部での研修の後、ワシントンとジュネーブでの研修がある。年によってはジュネーブを省くこともあったが、ジュネーブには人権関係や人道関係の国際機関が多いこともあって、パレスチナの人達にとっても有益な訪問先だった。

ワシントンではパレスチナの連絡事務所や世銀、国連広報センターなどの国連機関を訪問し、さらに、中東問題などに関わっているシンク・タンクと呼ばれる研究機関なども訪問して意見交換する。訪問先でもパレスチナの若い人達から直接現地の状況や見解を聞くのは良い勉強になる。国務省では定例記者会見に参加させてくれたり、米国の中東政策に関するブリーフィングなどもある。「ヴォイス・オブ・アメリカ」（VOA）という米国政府のラジオ放送局も本部がワシントンにあり、見学をさせてもらうこともある。最近では、ユダヤ人のジェノサイドを展示したホロコースト美術館を訪問するのが日程に入っている。米国の中東政策にはパレスチナ人側でも相当不満が多いが、イスラエルに影響力を持つ唯一といって良いくらいの米国である。その動向を掴んでおくのもパレスチナのジャーナリストにとっては大事なことなのである。

ジュネーブには私の同僚が同行したが、ある時、二人のパレスチナ男性の間で喧嘩になったという。そして一方の男性が他の男性の指を噛み切ってしまったというのだ。急いで病院で手当てを受けたが、二人の仲を収めて何とかプログラムを終了した。どうも女性を巡る争いであったようだが、パレスチナの場合、西岸の自治政府を握るパレスチナ解放機構（ＰＬＯ）のファタ派とガザ地区を実行支配しているハマスとの間で政治的衝突や緊張があることから、政治的立場の違いからジャーナリストの間で衝突が起きないよう指導しておかなければならなかった。国連が扱う問題には政治性の高いものが多いので、一層の気を使わなければならないことも多いのだ。

第九章 人道危機への対処――アチェ、ジンバブエ、パキスタン

インド洋巨大津波への対応

二〇〇五年一二月クリスマス直後に、インド洋で大地震とともに巨大津波が起こった。インドネシアのスマトラ沖が震源地だった。マグニチュード九・〇あるいはそれ以上とされた地震だ。一番大きな被害が出たスマトラ島の北先端のバンダアチェで、津波の最大の高さは二七メートルに達したと言われている。この津波で二〇万人を超える人命が失われた。

国連の人道問題調整事務所（ＯＣＨＡ）のヤン・エゲラン調整官はすぐ現地入りし、国際社会の支援額が少ない、先進国は「ケチだ」と批判したこともあって、その後の国際社会の対応は大規模なものとなった。エゲランはノルウェー人で、ノルウェーの赤十字の事務局長の職務経験もあり、外務担

当大臣なども務めたことがあった。人柄も良かったが、歯に衣を着せぬ闊達の人だった。

大災害直後の支援は混乱を引き起こすことが多い。そのため、国連の人道問題調整室は国際的人道支援を調整するため、インドネシアの首都ジャカルタに駐在する常駐調整官を人道支援調整官として任命するとともに、一番被害の大きかったバンダアチェにOCHAの調整官を置いた。翌年一月、OCHAの広報担当官から、ジャカルタに広報局の職員を一人送ったのだが、やはり実際の人道支援の調整はバンダアチェで行われていることからもう一人現地に送りたいと伝えてきた。そこで私がとりあえず一カ月の予定で派遣されることになった。災害直後は国際ニュースでも大々的に取り上げられたが、時間が経つにつれて関心も薄くなっていく。被害の甚大さから、国際社会の関心と支援を継続する必要があった。そのため、一カ月では足りないだろうと思っていたが、事実滞在は二カ月となった。

アチェ州のバンダアチェへ

ジャカルタの国連開発計画（UNDP）オフィスで人道問題調整官室の職員から支援状況に関するブリーフィングを受けた後、アチェ州の現地に行ってみると、やはり巨大津波の破壊力には圧倒された。町の海岸地帯が完全に破壊されている。町の西側にある小山の間を通ってインド洋に面した地域に行くと、海岸の道路を大きく塞ぐように石炭を満載したタンカーが立ちはだかっていた。さらに行くと、小さな山が海岸に面していたが、下から三分の一くらいが岩石で、その上に樹木があった。岩石が出ている部分はすべて津波で表面の土を持っていかれたところである。津波の高さを思い知らされた。後日国連のヘリコプターで別な町に移動したが、空から見る海岸地帯はいたるところ破壊の証拠が残っており、見えるのは家の土台を成していたコンクリートの床や地盤沈下で海に沈む道路や破壊された橋などであった。ただ、破壊された中でまだ残っているものもあった。一つはモスクであり、残った理由に、モスクは柱で構成され中は大きな空間のため、窓ガラスなどは破壊されたものの、津波の水は中を通って行き、柱などは残ったようであった。また、モスクは神にお祈りをする神聖な場所であるため、建築業者がいい加減な仕事をしなかったということが冗談半分で言われていた。

南の海岸線にあるカラングに行った時のことである。ヘリコプターから降りて住民が避難している丘に向かう途中、海岸線に衣類が多く捨てられてある。現地の国連職員に聞くと、これらの衣類は救援物資として送られてきたが、現地の人達が着られるようなものではないので、すべて捨てられたというのであった。救援のあり方が単なる善意だけでは実効性のないものになってしまうことを物語るものであった。

共同記者会見の実施

バンダアチェには多くの国連機関やＮＧＯが集まっていたが、この調整と現地政府との協力関係は主に調整官事務所が行っていた。その広報官として配属されたこともあり、国連機関の広報官達を集めて共同記者会見を週一度行うことにした。現地には新聞社が一つ、ラジオ放送局が一つ活動をしていた。まず、地元の人達に支援活動を説明し理解してもらう必要があることから、このような共同記者会見が有効と考えたのである。他の機関の広報担当官もこのような場を必要としていた。国連の広報活動を行ってきた人がほとんどいなかったこともあり、みな賛同してくれた。最初の共同記者会見は次の日の地元新聞の大一面を写真入りで飾ることとなった。また、国際報道機関の中でもBBCやNHKは人道支援活動に関心を持ち続け、よくインタビューを受けた。地元のラジオ放送局にはインドネシア語に翻訳した記者会見のアナウンスの内容を送ってあげた。

危機が生む機会

この地震と巨大津波は悲劇だけをもたらしたものではなかった。国際社会の大規模な支援はアチェ独立を目指して武装闘争を続けてきたアチェ自由運動とインドネシア政府の和解を実現可能なものにした。独立派からみれば、アチェが国際社会の大規模な支援を受け、インドネシア政府によって再建されてしまえば独立への支持が失われてしまう。他方、インドネシア政府にすれば自治を認めることを条件に和平を実現する好機でもあった。ナミビアなどでも活躍したフィンランドの大統領経験者マーティ・アーティサーリの仲介により和平交渉が前進し、両者の歩み寄りが可能になったのである。危機が機会を生む良い例となった。

ジンバブエの人道危機

二〇〇五年には新たな人道危機が起きた。アフリカ南部にあるジンバブエがその舞台だった。アチェは自然災害だったが、ジンバブエは人的災害と言えるものだった。一九八〇年の独立以来ジンバブエの首相として君臨してきたロバート・ムガベ大統領が、野党の支持基盤の温床となっていた都市や地方の町のスラムに住んでいる人達を違法居住として出身地の村々に強制退去させようとして起きた人道危機であった。居場所を失われた人達が国内避難民となってしまったのである。独裁的に支配してきたムガベ大統領とZANU－PF党は二〇〇〇年の議会選挙で民主変化運動党（MDC）の挑戦を受け、一二〇議席のうち六三議席しか確保できなかった。国家経済を支えていた白人の農場を強制的に没収し始めたため、経済が疲弊し、インフレがひどくなり、国民の不満が高まっていた時だった。これに危機感を得た政権側が野党の支持基盤を崩そうと図ったのである。

ハラレへ

国連の各機関はこの危機に対処するため現地での増員を勧めていた。首都ハラレには国連広報センターがあるが、この時、所長はリベリアの国連PKOに広報部長として出向していた。世界に展開している六〇を超える国連広報センターを統括していた部長から、私にハラレの広報センター所長代行としてこの人道危機に広報面で支援してくれないかとの話が入ってきた。北京での中東和平国際メディアセミナーが無事終わり、次の仕事の準備をしているころだったので、三カ月くらいなら出張できるだろうということになった。

一〇月のハラレは南半球なので、日本でいうと桜が咲く春の季節であった。桜はないが、ジャカランダという紫の花がいたるところに咲いていた。ジャカランダは南アフリカで見たことがあったが、ハラレのジャカランダも綺麗であった。ハラレは標高一、〇〇〇メートルくらいある高地だ。従って、気候が非常に良いうえ、土地も豊饒であった。以前はアフリカの穀倉地帯でもあり、タバコの葉の名産地でもあった。そして、切り花も冬の北半球、特に西欧に多く出荷されていた。鉱物資源も豊かで、北隣りのマラウィとの国境には巨大なダムが建設されていた。世界三大瀑布の一つであるビクトリアの滝もある。そのジンバブエに大きな人道危機が起き、まさに、超インフレに見舞われる深刻な経済危機に発展していくのである。

国連常駐調整官との葛藤

私のもう一つの使命は、現地で何が起きているか国連本部の方で正確に把握できていないため、情報も送って欲しいとの要請に答えることであった。これは事務総長室のアフリカ担当高官からの要請でもあった。現地の国連常駐調整官は人道問題調整官も務めているが、アフリカ出身の人で、「インフォメーション・フリーク（情報統制狂）」と自称しているくらい情報には神経質で、国連本部には現地で何が起きているか詳細には伝えていなかった。業を煮やした本部は特使を送るなどしてジンバブエ政府を説得しようとしていたが、現状は好転していなかった。

開発支援などで現地に駐在している国連の人達は、現地政府との関係をこじらせたくないとの思いから、現地政府に対する強い態度に出ることはしない。そのため、国連が主張した避難民の一時的滞在場所の確保などで現地政府のペースで動いてしまう傾向があった。この常駐調整官にどう入り込んでいくか、戦略的にアプローチする必要があった。

まず、彼の信頼を得ることである。反政府系の新聞はかなり少なくなっていたが、政府系の新聞報道なども入れて報道の要旨や分析をまとめることにした。情報の共有で、これは本部にも送ることができた。地元の政府系新聞に国連の現地職員に対する差別的態度に関する匿名記事が出た時などは、私がそれに反論する記事を書いてあげたりした。

人道支援ニュースレターの作成

人道支援は本来人道的活動なので、ホスト国も全面的に支援することが多かったが、ジンバブエの場合は政治性の極めて高いものだった。政府側では人道支援を政治的に利用し、自分達の支持者が多い地域には支援物資を配布し、野党側が支配的な地域には十分な支援をしていなかったのである。

このように政府が反対勢力を弾圧し、しかも野党を支持する新聞などにも政治的圧力をかけている中で、どのような国連の人道的支援を広報するかという課題があった。テレビやラジオに関しては政府系のテレビ・ラジオ局一局しかなかった。そこで、国連の人道問題調整室（ＯＣＨＡ）から派遣されてきた人道支援副調整官と共同で国連の人道支援活動に関するニュースレターを作成することにした。国連の各機関の広報担当官などから記事の情報を集め、私の滞在期間にまず最初のニュースレターを発刊し、その後二部目を用意した。

常駐調整官が招集する国連機関の現地代表との会議には広報センターという国連の一つのオフィスの代表として参加した。このような場を通じてそれぞれの機関のトップと知り合いになっておくことは極めて重要だ。問題があればトップと連絡を取り合うのが一番の方法だったからである。

国連人道調整官の訪問

国連人道問題調整官ヤン・エゲランが一二月初めに視察目的で来訪した。国連の事務次長なので、視察時には私が彼の広報を担当し、記者会見を開いたり、メディアとのインタビューをアレンジしたりした。国連側は都市の貧民街から追い出された人達の住む場所や宿泊施設の建設などを提案し、パイロットプロジェクトで小屋の建設などを行っていたが、覚書交渉を巡って政府側がなかなか正式支持を表明していなかった。このような交渉は政治性が高いため、現地の常駐調整官だけではまとまりそうもなかったのである。国連の高官を派遣することによってこの障害を取り除く必要があった。

エゲランはムガベ大統領との会談に臨んだ。途中でエゲランは一対一の会談を求めたため、国連関係者は部屋の外で待たされることになった。私は報道機関の相手をしていたが、会談の進捗状況を調べるために中に入ると、待たされている人達と一緒に会談が終わるのを待つ羽目になった。しばらくしてから、ドアが開き、真っ先にムガベ大統領が一面の笑顔で飛び出してきて、国連関係者と一人一人握手を始めた。私が最後であった。ムガベ大統領は当時八〇歳を過ぎていたが、肌が生き生きとして活気に溢れていた。九〇歳を超えるまで大統領職に居続けた。独裁者というのは長生きするものである。

エゲランは記者会見で、ホームレスになった人達の状況改善で進展が見られたことを発表したが、エゲランが帰国途中南アフリカに立ち寄り、そこでジンバブエに批判的な発言をしたこともあって、ムガベ大統領は、エゲランは人道目的でジンバブエを訪問したのに政治的な意図もあったとしてエゲランを批判した。一対一の「巨頭会談」でおそらくアナン事務総長の政治的メッセージを伝えたのだろう。真の民主化にはほど遠いジンバブエの状況だった。

エゲランの訪問が私にとっても有益だったのは、私の仕事振りを見て、常駐調整官が次第に私にメディアへの対応などに関してアドバイスを求めるようになったことである。ジンバブエ政府の閣僚が常駐調整官と合意した内容について、これを歪曲するような発言があった後、常駐調整官が連絡してきて、すぐ記者会見を準備してくれと言う。反論する必要性を感じたからであった。すぐ手配し、現地の記者や国際通信社の現地雇いの記者達を呼んで会見をアレンジした。そのようなこともあり、私がジンバブエを離れてから、常駐調整官は広報局長宛の書簡で私の後任を早急に派遣してくれるよう要請してきた。広報局長から問い合わせがあったが、国連側が広報面でできることには限界があると進言した結果、後任は派遣されずに現地スタッフで賄うことになった。その状況は現在までも続いている。ムガベが大統領を辞任するのは二〇一七年のことである。

私がジンバブエを離れた直後にはインフレがすでに年率一、二〇〇パーセントに達していたが、その後超インフレに発展した。ゼロがいくつあっても足りなくなってしまった。最後には自国の通貨を諦め、ドルやユーロ、南アフリカのランドなど国際通貨であれば何を使っても良いとの結末で何とか収束させた経緯がある。国の経済が破綻するというのはまさにこのことだった。

パキスタンの人道危機

私が携わったもう一つの人道危機がある。パキスタンだった。パキスタンにはアフガニスタンとの国境沿いにFATA「ファタ、連邦直轄部族地域」と呼ばれる一帯がある。この地域は元々パキスタンの中央政府の統治があまり行き届いていないところで、ある程度の自治権が与えられていた。アフガニスタンのタリバン政府が倒れた後、タリバンはこの地に拠点を構え、アフガニスタンの新政府を脅かしていた。そして、タリバン政府とつながっていたアルカーイダもこの地に逃れ、現地のハッカニ・グループなどと連携していた。米国はパキスタン政府に対し、これらのグループを掃討するよう圧力をかけていたが、懐柔的な政策が裏目に出てパキスタン政府そのものが脅かされる事態となってやっと重い腰を上げたのだった。二〇〇九年初頭のことだった。

パキスタン政府軍の部族地域への攻撃は多くの避難民を出した。避難民は二〇〇万人とも言われ、国際社会の支援が必要になった。国連機関もこの人道危機に対応するべく、パキスタンにおけるプレゼンスを高めてきた。首都のイスラマバードには多くの国連機関が事務所を設けており、国連広報センターもある。ところが、国連広報センターは所長が別なポストに異動したため不在だった。急遽誰かを送る必要があった。

このころ私は国連広報センター室のプログラム担当課長をしていたので、イスラマバードのセンターも活動面で指導監督しているところであった。そんな関係もあって、また私に白羽の矢が当たった。仕事の関係で一カ月くらいであれば時間が取れると返事をしたら、それでも良いのでさっそく行ってくれとの指示が下った。数日で出発準備をしたが、現地での私の後任を選んでおく必要があった。一カ月はあっという間に過ぎてしまうからだった。信頼のおける人でなければならない。国際テロ問題で私の前任者でベルギーのブリュッセルの国連広報センターに転出していたハンガリー人の同僚に連絡すると、彼も一、二カ月であれば行けるということですんなり決まった。

イスラマバードへ

イスラマバードへはドバイ経由で行ったが、到着は朝四時だった。イスラマバードの国連広報センターを通じて宿泊先のゲストハウスのドライバーが迎えに来てくれていた。近くのATMで現金を引き出した後、空港からハイウェイで突っ走り、間もなくゲストハウスに着いたが、スーツケースがないことに気が付いた。まだ眠気に包まれたまま税関を出たので、自分のスーツケースを引き取るのを忘れていたのである。幸い空港はそう遠くなかったので、ドライバーにお願いして空港まで引き返した。スーツケースはキャローセルの一角に無言で立っていた。

六月のイスラマバードは日中気温が四〇度くらいに上がる。ただ、このころはまだ雨季の前だったので空気は乾燥している。日蔭に入ると涼しさを感じる気候だった。広報センターの車でさっそく国連開発計画（UNDP）事務所まで走った。ここに国連常駐調整官がオフィスを構えていた。そして、OCHAのオフィスもここにあった。このころ、パキスタン問題の事務総長特使も滞在していたが、このフランス人の特使はナミビアで一緒に仕事をしたことのある知己だった。彼はその後栄転し、アフガニスタンの事務総長代表も務めたこともあり、その後パキスタンとの政治的リエゾン（連絡役）となった。国連の常駐調整官は通常人道問題調整官も務めることが多いが、パキスタンの場合支援の規模が大きいことから、ユニセフの代表が人道問題調整官に任命された。ニューヨークの国連本部との定期的な電話会議には常駐調整官、人道問題調整官、事務総長特使に警護・安全担当官と私の五人が参加した。

早速広報戦略を立案する必要があったが、そのためにコミュニケーション・グループを再編成し、広報センター所長がその主管となる提案をしてそれが認められた。ただ、人道問題調整官が別途任命されたことにより、人道調整官の下に人道問題のコミュニケーション・グループを下部組織として編成することにして、私もそのメンバーとなった。そして、人道調整官を中心として週一のペースで定例記者会見を国連広報センターで行うことにした。さらに、広報センターの方で各種の国連関連の報道の要旨をウェブを通じてまとめた電子版のニュース・ブレティンを作成し、毎日国連機関に回すことにした。これは国連本部にも送られた。この伝統は現在でも続いている。

自爆テロと国連職員の死

順調に仕事が開始されたかと思っていた矢先の六月九日、アフガニスタンの国境に近いペシャワールで、五つ星で一流のパール・コンチネンタルホテルが自爆テロに遭い、たまたまそこに宿泊していた国連の国際職員二人と駐車場で待機していた現地のドライバー三人が死亡したとのニュースが入ってきた。

地元のテレビに流された映像を見ると、最初の自家用車に乗った男がホテルに入る道路にあった守衛所に発砲し、守衛が怯んでいる間にこの車と後に付いてきたトラックがこの検問を突破し、ホテルの裏側に着け、自爆したようだった。後日聞いた話では、二人の国連職員はガラスの破片で死亡したとのことだった。この自爆テロでは十数人が死亡し、多くの人が負傷した。

国連職員は身の安全を確保するため、通常は一流のホテルではなく、大きな一軒家を宿泊施設にしたような「ゲストハウス」に泊まることにしていた。一流ホテルはテロ攻撃の的になることが多かったからだ。たまたまこの時はゲストハウスがみな満室だったのでこのホテルに宿泊せざるを得なかったとのことだった。

数日後、イスラマバードで国連主催の犠牲者追悼式が行われた。この司会進行を頼まれた。式には国連関係者だけでなく、パキスタン政府からも財務大臣など閣僚級の方々も出席してくれた。パキスタンにとって国連の支援は極めて重要だった。人道面だけでなく、政治的にも国連の支援がパキスタン政府の過激派掃討に必要だったのである。

各週定例記者会見の実施

定例記者会見は広報センターの大会議室で行われたが、いつも満席になるほどの盛況だった。パキスタンのメディアは非常に活発で、多くの報道機関が詰め寄せた。ＢＢＣなどの外国の報道機関も参列した。私が司会を務め、国連人道問題調整官が人道支援の進捗状況を説明した後、いくつかの国連専門機関の代表がそれぞれの分野での活動を紹介するという段取りだった。会見後は所長室で個別のインタビューをセットしたり、記者団からのフォローアップの質問に答えたりしたが、一番の懸念はテロ攻撃であった。そのため、正門のところでは守衛による厳重なチェックが行われ、主要道路から広報センターに入る横道の近辺には土嚢が積まれ、パキスタン兵が監視をしていた。

コミュニケーション・グループの再生と広報戦略

パキスタンの国連コミュニケーション・グループの座長として取り組んだのが新たな広報戦略の作成だった。広報には対外広報と対内広報の二つがある。対外広報の伝統的なものはメディアを通じた広報である。パキスタンの場合はテレビ、ラジオ、新聞等多くの報道機関があり、報道の自由がある。このようなところでは広報がやりやすい。定例記者会見の模様や国連が出すプレス・リリースなども頻繁に紹介され、引用される。広報センターには現地の広報官もおり、英語とウルドゥー語で仕事ができた。

問題はメディア以外の方法での広報だった。パキスタンは治安が極めて悪く、ファタ地域は特に危険だ。国連難民高等弁務官事務所の国際職員がクエッタというところで人質になったこともある。そんな状況の中でのアウトリーチ活動、つまり、一般の人達と直接交わる活動は広範囲にはできなかった。可能なのはせいぜい国連と活動歴のあるNGO（非政府機関、民間団体）などと共同でイベントを行うといったことだった。六月末に拷問禁止デーというのがあり、この集会には国連代表として参加し、事務総長メッセージを読ませていただいた。

そこで、国連活動を一般に広報する手段としてインターネットを使った情宣に力を入れることにして、国連機関のホームページや広報センターのホームページを充実させることにした。また、対内広報はインフォメーション・ブレティンの配布や国連機関長会議、インフォメーション・グループでの情報共有などを通じて行った。

イスラマバードにはカシミール紛争の休戦協定で一九四九年に設立された国連PKOで二番目に古い国連インド・パキスタン軍事監視団（UNMOGIP）の本部があり、そこの行政官を務めていたのが、私が南アフリカの国連派遣団で一緒に仕事をしたことのあるマレーシア人の職員だった。彼のアパートで他の監視団職員達とランチをご馳走になったが、六〇年にわたってインドとパキスタンが三度の戦争をしたカシミール問題の奥の深さを思い知らされた。今ではほとんどニュースにならないが、毎年何百人という数が銃撃戦の犠牲になっているのだった。

第十章　国際テロへの対処

国連テロ対策履行タスクフォースへの関与

国連は、国際テロに関しては、民間旅客機のハイジャックなどが始まったころから各種の国際条約を締結して国際テロ行為に対処してきたが、二〇〇一年の九・一一同時テロ事件以来、さらに国際テロへの対策を強化し始めた。

テロ行為は、当初、独立運動や分離運動など明確な政治的要求実現のために警察や軍などの政府の機関を狙ったものだったが、アルジェリア独立運動の際に民間の施設を標的にしたのが民間を巻き込む最初のテロ行為だとされている。

九・一一事件を引き起こしたアルカーイダは、その目的が世界に展開している米国や米国と連携した国々を標的にしていることもあり、国内テロとは異なる国際テロ組織となっていた。

国連は、安保理を通じて、テロ対策委員会やテロ組織が大量破壊兵器を入手するのを防ぐ委員会などを設立して各国の対テロ行動を支援していたが、二〇〇六年には国連総会が国際対テロ戦略を採択したこともあり、すでに前年、国連事務局内にテロ対策履行タスクフォースが設立されていた。広報局もその一員となった。当初、平和安全保障課のハンガリー人職員がその担当をしていたが、彼がブリュッセルの広報センターに転出したため、私がその担当を引き受けることになった。

国際対テロ戦略

総会が採択した国際対テロ戦略は四つの柱で成り立っている。一．テロ行為を促す各種の要因を除去する努力、二．テロ行為そのものへの対処、三．テロ行為に対処するための国家の能力向上支援や国連を通じた協調行動の促進、四．テロ行為に対処する際人権を尊重すること、である。

テロ行為を引き起こす要因には直接的なものと間接的なものがあるが、いずれにしてもかなり広範囲に及ぶものである。紛争や貧困、富の格差、社会的人種的差別やその他の疎外要因などすぐには解決できない問題が多いが、テロを引き起こす原因を分析し、その要因を少しずつ取り除いていく努力が必要である。

テロ行為そのものへの対処には警察や軍の動員が多いが、テロ組織を取り締まったり対処することはそう簡単なことではない。国際テロ組織の場合には国家の枠組みを超えた行動を取るので、国境を越えた情報やインテリジェンス（諜報）の共有とかも必要になってくる。また、国際テロ組織は途上国の紛争地域などで国家の統治能力があまりないところや、破綻国家と言われているところで勢力を拡大しているため、その国の統治能力やテロ対策の能力の向上に多くの支援が必要になる。また、国連は各国の対テロ協調行動を促進する役割もあることから、その能力向上も必要になってくる。

米国のいわゆる「テロとの戦争」では、テロの行為者や容疑者への人権侵害行為が広範に行われたために批判が高まり、テロ行為に対処するのは勿論のこととしても、人権を尊重しながらのものでないと自らが人権侵害者になってしまうので、この点を喚起したものだった。国連の人権理事会はテロ対策での人権擁護のために、それ専門の特別報告者を任命している。

対テロ広報戦略の作成

このテロ対策での広報局の役割は、国連の対テロ行動そのものを広報するだけではなく、タスクフォースの役割や活動を紹介し、各種作業部会に参加して広報面からの政策立案へ貢献したり、具体的な活動を支援したりする他、国際社会への対テロメッセージなどを含めた広報戦略を作成することだった。

広報戦略は、大きく分けて、国際戦略の広報に関するものと、タスクフォースに関するものがあった。国際戦略の広報で一番苦労したのが、国際社会へのメッセージである。国連からのメッセージは、国際テロ対策では、例えば「無実な人を殺すのはいかなる理由でも許されない」とか、「テロの原因を特定の宗教に限定してはいけない」とか、「テロ対策では人権が守られなければならない」といったものである。このような一般的なメッセージだけではテロ行為を防ぐことにはならないが、国際社会全体へのメッセージとしてはこのような形にならなければならなかった。より具体的なメッセージは、各国の政府や市民社会が、それぞれにあわせたものを作成する必要があった。

タスクフォースにはいろいろな作業部会がある。紛争防止やテロの犠牲者への支援、インターネット使用、大量破壊兵器の使用防止と対策、脆弱な標的保護、テロと人権保護、国境管理などかなり広範囲にわたる。私が特に関与したのが、インターネット使用と大量破壊兵器関連の作業部会である。

テロ組織のインターネット使用とリヤド会議

アルカーイダやその関連組織は、インターネットを巧みに利用して自らの政治目的に使っていた。プロパガンダだけではなく、テロリストのリクルートにも活用していた。これは今の「イスラム国」にいたってはさらに精度の増したものになっている。

インターネット作業部会は、当時三回に分かれて会合を持ち、ドイツ、米国、サウジアラビアで開催された。米国での会合はシアトルで行われたが、これはマイクロソフト社などインターネット関連の企業がサポートしてくれたことによるものだった。私はインターネットの専門家ではないので、広報局ウェブ課のインターネットの技術的側面に詳しい同僚を派遣した。

私自身は、二〇一一年一月にサウジアラビアのリヤドで開催されたテロ組織によるインターネットを使った暴力的アピールにどう対抗するかを議論する国際会議に参加した。サウジアラビアはアルカーイダの指導者オサマ・ビン・ラーディンの出身地であり、九・一一テロ攻撃に参加したテロリストの多くもサウジアラビア出身だった。テロの脅威をまともに受け、閣僚の暗殺事件があるなどしていたため、テロ対策には極めて積極的だった。

この会議では、テロの不当性や社会的インパクト、信憑性の欠如などを指摘し、これに対抗するメッセージをどのような手段で、どのような経路で、そしてどのような人に伝播してもらうか、そしていかにターゲットとなる人達に伝えていくかといったことが議論された。このような活動は政府が行うのが一番というわけではなく、より広い市民社会を巻き込んだ行動が必要だとの認識に関し意見の一致をみた。

また、サウジアラビアは、テロに走った人が戻ってきて改心することを支援する活動も始めていた。この会議には実際そのような人が二人招待され、参加者からの質問に答えていた。サウジアラビアは、このような活動を紹介するために、広報局にビデオ制作のための資金を提供していた。その担当は国連テレビ部門だったが、テロに走る原因が貧困や無職などに起因する場合も多いため、資金面での支援や職業訓練などを施すことによって元テロリストの改心も可能であることを示していた。しかし、テロに走る原因にはより大きな政治的、社会的、宗教的背景があるため、テロ対策はそう簡単なものではなかった。

サウジアラビアからエジプトのカイロ経由で帰ってきたが、カイロではその数日後に「アラブの春」がやってきてムバラク政権が倒れ、その後不安定な政治状況が続くことになる。

化学兵器禁止機関との協調

テロ組織が大量破壊兵器を入手したらどうなるか。一連の自爆テロからみてもわかるように、大量破壊兵器を使用することは間違いない、というのが国際社会の見方だ。米国がイラク戦争を始めた大きな理由に、大量破壊兵器を開発製造し、実際に使用したイラクとアルカーイダが結託しているということがあった。もっともこの判断は戦争後誤りだったことがわかり、米国の威信の低下につながったが、テロ組織に大量破壊兵器を入手させない努力はさまざまな形で行われている。

この問題に最初に取り組んだのは国際原子力機関（ＩＡＥＡ）だった。核兵器そのものをテロ組織が入手するのは極めて困難だが、少量の核物資を爆破させる、いわゆる「汚い爆弾」と呼ばれる方法で放射能を撒き散らす方法もあるのだ。世界に散在する原子力発電所をテロ攻撃した場合どうなるか。福島の原発事故は自然災害によるものだったが、それ以上の被害が出る可能性がある。ＩＡＥＡを中心として、核物質がテロ組織によって使用された場合の危機対応に関する作業部会の報告書が出ていた。

まだ手を付けられていない分野があった。それはテロ組織の化学兵器使用に関する危機対応であった。大量兵器作業部会ではこの分野でも十分な危機管理の体制を構築しておく必要を感じて協議に入った。私もこの協議に加わり、オランダのハーグにある化学兵器禁止機関（ＯＰＣＷ）で開催された会合にも参加した。ＯＰＣＷは化学兵器禁止条約で設立された国際機関で、化学兵器の査察だけでなく廃棄作業なども監督していた。私の方からは国連本部での危機の際の情報伝達体制について説明したが、ＯＰＣＷはＩＡＥＡと違い、国連の正式な専門機関ではなかったため、特別な情報の共有体制が考えられなければならなかった。

最近では、「イスラム国」が自家製の化学兵器を製造して使ったとの情報がある。まだ初歩的な砲弾だというが、サダム・フセイン時代化学兵器開発使用に従事した科学者達が一部関与している可能性も否定できない。また、シリア政府側が化学兵器を使用したことが発覚して、これを国連やＯＰＣＷ、さらに化学兵器処理能力のある国々が関与して撤去・破壊した経緯もある。テロ組織による大量破壊兵器の入手、開発、使用は何としてでも食い止めねばならない国際社会の課題である。

第十一章 国連広報の原点へ

国連ＰＫＯ六〇周年記念セミナー

二〇〇八年は国連ＰＫＯが初めて活動を開始してから六〇周年目の年だった。この年の初め、広報局の平和安全保障課課長がアフガニスタンの国連派遣団の広報部長として数カ月派遣されることになったので、私が不在期間お世話することになった。このころは広報局長が日本人の赤阪清隆さんだったこともあって、国連ＰＫＯ記念セミナーを東京で開催することになった。ちょうどこの年の六月にＰＫＯ局長のジャン・マリー・グエンノが東京のある研究所に招待されているので、その機会に彼を招いて行おうというものだった。ＰＫＯ局長は、アナン事務総長就任以来、フランスが独占しているポストだった。

さっそく、グエエンノ局長に東京滞在延長の許可をもらい、それ以外の国連高官にも連絡してみることにした。私と東ティモールで仕事をしたイアン・マーティンが当時ネパールの国連政治派遣団の事務総長特別代表を務めていた。すぐ連絡し、参加の意向を取り付けた。さらに、南スーダンが独立した際に日本がPKO部隊を送る可能性も噂されていたことから、スーダンの国連派遣団で事務総長特別代表を経験しキプロスの国連PKOに移ったばかりのタへ・ブルック・ゼリフーンにも連絡を取ると来てくれるという。ゼリフーンとは事務総長報道官室時代からの知り合いだった。こうして、広報局長の赤阪さんも含めて何と四人の事務次長が参加するという極めてハイレベルな記念セミナーとなった。

このセミナーでは、グエエンノ局長が、和平は戦争をしている人達が自ら望まないと達成できない、国連は平和のないところでは平和維持活動が有効にできないとの持論を強調していたのが印象的だった。

洞爺湖サミット

PKOセミナーの準備を東京でしている時に、東京の国連広報センター所長が辞任してしまった。潘事務総長が六月末に日本を公式訪問し、その後一旦中国と韓国を訪問した後、七月七～九日に開催される洞爺湖サミットに出席するため再度日本を訪問するということだったので、直前ではあったが広報センターの所長代行をするよう依頼された。仕事の関係で一旦ニューヨークに戻った後とんぼ返りをした。

事務総長の最初の訪問は公式行事だったので、外務省がすべてのロジを担当したが、訪問先をすべて事前にチェックしておく必要があったので、最初に訪問予定の京都を外務省や他省庁の関係者と回った。昼食はある料亭で、外務省主催で行われることになったが、そこの女将さんは大変な意気込みで、「最高のもてなしをさせていただきます」と京都弁で伝えてきた。事実、当日は芸者さん達を揃えた最高のもてなしだった。

問題は洞爺湖サミットの方だった。こちらは三日間の予定であり、初日と三日目はサミットへの出席が要請されていたが、中二日目は空いていた。広報センター職員と協議した結果、ちょうどそのころは世界的な食糧の値上がりを受けて食糧危機が起きていたころだったので、食糧といえば北海道大学ということになり、さっそく北大に連絡すると、喜んで講演会を企画してくれるという。事務総長も大学などで若い人達を相手に講演するのが好きだ。二つ返事で答えが返ってきた。

さらにもう一つの問題が起きた。事務総長はサミット後成田経由でニューヨークに戻る予定だった。このアジア訪問は中東の国が飛行機を手配してくれていたので、このチャーター便で札幌から成田まで飛ぶ予定だったが、札幌で出国手続きをするので、私は乗れないという。仕方なく、一足先に国内便で成田まで飛び、そこで事務総長一行を迎えることになった。

潘事務総長は外遊する時、朝食時に同行のトップの職員達を招いてその日の日程を確認したり、問題があれば議論したりすることがある。札幌のホテルでの二日目の朝食の時に私も招かれたが、その席上、その日は事務総長は午前中に北大での講演会があり、午後は岡部万里江副報道官がメディアとのインタビューをセットしているので自分は非常に忙しいが、他の人は暇だろうと言い出した。そこで、私のほうから「札幌の近くには有名な温泉街がある」と切り出したら、「それはいい、みな行ってきなさい」と奨励した。ただ、朝食に参加しているのは官房長や政策担当の事務次長補などだ。事務総長は半ば冗談で言ったのであろうと推測し、みな行かないだろうと思いっていた。ところが、ロビーで官房長に会った時に温泉の話をしたら行くという。事務次長補などからも同じ返事が返ってきた。言い出しっぺなので準備しないわけにはいかない。三時間くらいあれば行って来られるとの目算だった。ホテルに頼んでミニバンを用意してもらい、結局男五人で定山渓温泉に行くことになった。運転手が連れて行ってくれたところは露天風呂だった。

洞爺湖サミット最終日、一足先に成田で事務総長一行を待っていると、チャーター機が飛来した。成田からは日航機で帰るのだが、待ち時間はＶＩＰラウンジで過ごすことになった。チャーター機からラウンジまではバスに乗らなければならないという。そこで事務総長と奥様をバスに案内したが、スタッフと共に外国の同行記者団も一緒に乗ってきた。その記者団に対して、「私は札幌で忙しかったが、スタッフには見放されたよ。みなで温泉に行かれてしまった！」と冗談を飛ばして笑っていた。きっと官房長あたりから露天風呂の話でも聞いたのであろう。事務総長もユーモアのセンスがあるのだ。公式の場ではわからない素顔でもあった。

広報局改革

私の在籍中、広報局でも他の局と同様に何回かの機構改革があった。トップに立つ人の意向によって改革されることが多いが、結局すべきことはしなければならないので、実質的な仕事をしている側から見れば、組織図が変わるだけのことだったことが多い。

広報局は、国連創立当初から「国連広報の腕」として位置づけされており、国連活動の広報の中核を成してきた。事務総長や報道官をサポートし、国連全体の広報事業を行っていることは説明したところだ。

インド出身のシャシ・タルール局長の時代に、広報局は現在の三つの部に再編された。戦略広報部は事務総長や国連全体のプライオリティーに基づき広報戦略を立て、広報センターなどを通じてキャンペーンを行う。政治局、PKO局、経済社会局、アフリカ開発などへの広報サポートも行っている。また、国連全体の広報活動のコーディネーションも行っており、国連コミュニケーション・グループを率い、毎週の定期会合やトップレベルの年次会合を開催して国連全体の広報キャンペーンの一貫性と協調を促進している。

メディア・ニュース部は、総会や安保理などの各種会合をテレビ中継したり、Year in Review（年次レビュー）やUN in Action（行動する国連）、二一世紀シリーズなどのビデオ制作、国連のウェブサイト（www.un.org）の維持、ウェブ・カースト（webcast）を通じた国連での会議や記者ブリーフィングなどの生中継やオン・デマンドでの使用、写真の提供などを行っている。国連の会議をフォローしたプレス・リリースなども発行し、特にホームページでアクセスできるニュースセンターは、国連の最新の出来事をフォローするのには一番便利なサイトである。

アウトリーチ部は広範な一般市民への窓口となっており、一般広報の他、教育機関との連携ではグローバルな模擬国連支援やサイバースクールバス、アカデミック・インパクト（UNAI）などを運営している。アカデミック・インパクトは高等教育機関との提携で、国連の推進する一〇の原則に基づき、その中で自らの優先分野を決め活動を行っていくというものである。この一〇の原則には人権の促進や性、人種、宗教、民族の違いに囚われない教育の機会の提供、平和や紛争解決、貧困の解消、持続可能な成長などへの教育を通じた貢献、異文化社会への理解と対話の推進などが含まれている。また、アウトリーチ部の任務には芸能界へのアウトリーチもあり、事務総長が任命するセレブの「平和のメッセンジャー」へのサポートもある。一、五〇〇に及ぶNGOとの協力、図書館業務やデジタルリソースの提供、国連寄託図書館との連携、出版業務などもこのアウトリーチの一環である。

戦略広報部

私は国連キャリアの最後の一〇年ほどは現在の戦略広報部に在籍したことになる。戦略広報部には二つの部門があり、広報キャンペーン室には平和安全保障課、パレスチナ・人権・非植民地化課、開発課にアフリカ課がある。もう一つの部門は国連広報センター・サービス室で、世界各地にある広報

Season's Greetings from ICS
Seated (left to right): Andia, Jolly, Hiro, Judy. **Middle row** (left to right): Hygiea, Vibhuti, Zoya, Michael, Clay, Danielle, Newton, Luc. **Back row** (left to right): Manuel, Liz, Jan, Akiko, Mary, Rado.
Not pictured: Ivan, Jana, Marina, Samia, Susan, Yelang.

世界中に展開している60以上の国連広報センターの本部チーフとしてセンターの活動を統括する。20カ国からなる職員と共に働く

センターを統括・管理するところである。キャンペーン室関係では開発課の前身である開発・人権課に所属していたこともあるので、アフリカ課以外は網羅したことになる。ただ、アフリカには私が直接、間接関与した国連ＰＫＯがいくつも派遣されていたこともあるし、南部アフリカや東部アフリカにも仕事で足を踏み入れていることもあり、関心地域の一つだった。その意味ではほぼすべての領域にわたって仕事をしたことになる。最後は広報センター室のプログラム課長や室長をしたが、六〇を超える広報センター・ネットワーク、三〇〇人ほどの職員を統括・管理していくのはそう容易なことではなかった。

世界的ネットワークの国連広報センター統括へ

国連広報センターは国連の出先機関である。本部では三つの部に分かれており、さらに事務総長報道官室もあるが、現地ではこのすべての職務を広報センターがこなしていると言っても過言ではない。ベルギーのブリュッセルにある広報センターが西欧諸国のセンターを統合してできた唯一の地域広報センターなため職員は一番多いが、旧ソ連圏やアフリカ、アラブ地域などの一部の小さいところでは一人か二人くらいしかいないところも多い。

ブリュッセルには欧州連合（ＥＵ）本部があることで、国連も地域センターを設立したが、ロンドンやパリ、ローマなどにはもはや独自の広報センターはなくなったため、地域センターの「デスク・オフィサー」と呼ばれる担当官がそれぞれの国々と連携して活動している。統合型か分離型かどちらの広報センター体制が良いか意見の分かれるところだが、緊縮財政下では別々な広報センターをＥＵ各国に再度設立することは困難になっているし、各国からの支持もない。

国連最後のキャリアとしてこの広報センター・ネットワークの管理・統括の役割が与えられたが、さまざまな問題に直面することになる。

人事問題の複雑さ

国連事務局は特にそうなのであるが、人事管理が極めて複雑で、職員のキャリアも思うように進展させることは難しい。「ランク・イン・ポスト」という制度を採用しており、個人のランクはどのポストに座るかによって決まる。何年働いても同じポストにいれば、ポスト自体が上のランクに修正されない限りその人のランクは上がらないのである。年功序列でも、年齢や経験、業績で決まるのでもない。

また、定期的な人事異動がないので、空席に応募しなければならない。以前はすでに事務局で働いている職員にはある程度の優遇制度があったが、現在の制度では外部の応募者と一緒に考慮されるため、より多くの競争相手の中でポストを獲得していかなければならない。一人の職員が自分の分野で空席が出るとほとんど全部に応募するといったこともおきてしまう。ということで、国連のキャリア形成は一筋縄ではいかないが、職員は常に他のポストに応募したり、異動して昇進を狙っているので、頻繁に空席が出るようになっている。

また、冷戦後は国連ＰＫＯの拡大でポストが大幅に増えた。二〇〇〇年代に入ってからは、職員の世代交代が激しくなった。一九九〇年以前に入った職員は定年が六〇歳、それ以降に入った人は定年が六二歳で、二〇一四年以降に入った人は六五歳となった。最近では六〇歳定年の職員が次々に国連を離れていっていることが世代交代につながっている。その意味では、現職の人達にとっては私が入った冷戦時代と比べて格段に異動や昇進の機会が増えたが、自分が思うようにキャリア形成ができるわけではないという点ではあまり変わっていない。

本部とフィールドとの異動になるともっと難しい面もある。本部勤務の職員はあまりフィールドに行きたがらない。これは特にジュネーブが一番顕著だと言われている。ジュネーブは物価が高いこともあり、国連では一番給料が高い。途上国やフィールドに行くと、任務地手当が下がるので、給料の手取りも下がる。特に家族がいる場合は子供の教育とか家のローンだとかがあり、出たくても出られないケースも結構ある。

国連広報センターの場合には、所長は国際職員で他の専門職やポストに異動することができるが、「ナショナル・ポスト」の専門職員とその国で採用される一般職員は現地採用となり、採用地で勤務することになる。所長は他のポストに異動することも可能だが、これもポストが空くかどうかである。そのため、比較的長期にわたって一つのセンターに残るケースも多々ある。現地採用職員は他の国のポストには応募できないため、自国の広報センターや他の国連機関などでポストが空いた時に応募するが、なかなかそのような機会がないことが多い。フラストが溜まる場合もある。ただ、国連の現地職員の給与は一般企業と比べても高い方なので、長期にわたって勤務する人が多い。「異動組」の国際職員の所長と「永住組」の現地職員の間で対立することもある。

小さな広報センターなどで職員同士の争いがあると、解決が難しい。職員を異動させるところがないので、本部で介入しなければならないケースも多い。パワハラ、セクハラのケースも出てくる。広報センターは頻繁にインターンを採用して仕事の補充をしているが、インターンから職員によるセクハラで苦情がくることもある。パワハラやセクハラは深刻な事態なので、正式な局レベルの調査委員会を設立させる場合もあれば、電話やメールで両サイドとやりとりして危機を乗り越える場合もある。

私自身もある広報センターでの現地職員によるインターンへのセクハラの訴えで現地調査をしたことがある。別な広報センターでは新任の所長と現地の専門職員の間で対立したことがあり、これは別々に説得に入った。別なところでは一般職員が現地の専門職員をパワハラで訴えてきた。このケースでは一般職員側が提示した証拠が十分だったので、局の別な部の人二人を派遣して調査させた結果、これが証明されたので、人事部の判断で専門職員はランクを一つ下げられたが、免職にはならなかった。

職員の勤務評定をめぐる争い

職員の勤務評定も大きな問題だ。潘事務総長になってから、職員の勤務評定が五段階から四段階になったことは前に説明した通りである。

新しい制度では、三の計画通り職務遂行の場合は上司は何もコメントしなくても良いが、四の計画以上の遂行か二の部分的達成、一の職務遂行できずの場合には、その理由を明記しなければならない。四の評価は問題がないが、二か一の場合には必ずといって良いほど職員からの異議の訴えがある。その度に審査委員会が設置されるため、これにも多くの労力と時間が取られる。そのため、新しい制度が必ずしも改善とはならない一例でもある。ただ、一点改善されたところは、評価制度が新しいソフトウェアの導入でインターネット経由で比較的楽にできるようになったことだった。もっとも私の場合は二〇〇人を超える職員の直接か間接の勤務評定をしなくてはならなかったので、これには相当時間を取られた。

国連のように世界から集まった職員で構成されている組織では、職員の評価は難しいものである。絶対的な評価ができないというわけではない。一緒に仕事をしていると、誰が優秀で誰が信頼がおけるかといったことが自然にわかってくる。しかし、人によって評価の基準が必ずしも同じではないので、不公平な評価が出てきやすいのである。一旦評価で上司とその職員が対立すると、雰囲気も悪くなり、関係を修復するのに時間がかかる。しかし、組織を動かすためには人間関係を修復、改善する努力もしなくてはならないのである。

予算削減と人事削減

国連の通常予算は二年毎の予算だ。そのため、二年に一回予算編成をしなければならない。予算が削減されなければあまり問題はないが、二〇一三年には二〇一四－一五年予算編成で一律三パーセントカットの指令が出た。加盟国の多くが財政難の時に国連も緊縮財政にしなければならないというのがその理由だった。

私の所属していた戦略広報部は本部職員よりも広報センター職員の方が圧倒的に多い。二〇〇人を超える所帯である。当初できるだけ空席を補充しない努力をしたが、広報センターの場合規模が小さいところが多いため、より戦略的に見直し、ある程度の人員削減を図らなければならなかった。

モスクワやワシントンの広報センターは比較的大きな方で、ドライバーやランクの低い一般職員が定年退職するのにあわせて削減することにしたが、そのような措置だけでは十分ではない。最終的にいくつかの所長ポストのランクを下げたりしたが、さらに旧ソ連圏にあった二つの国連広報センターの所長ポストを二つ削減することにした。問題はそこにいる現職をどうするかであった。この問題で大変な苦労をすることになる。年頭にはその二人にポストの削減を通達したが、国連の空席を埋めたり、人を異動させるのには時間がかかる。結局、年末までには異動先が見つからず、暫定措置を取り、任期の延長や他の所長ポストへの一時的な就任などで首をつないだが、人員の削減はどこで行っても悲劇が伴うものである。ある国連機関で日本人の人事部長が、やはり緊縮予算のため職員の契約をかなり切ったが、「もう二度とあのようなことはしたくない」と漏らしていたのを思い出す。結局痛みの少ないやり方でやらざるを得ないというのが教訓だった。

国連コミュニケーション・グループ

国連には多くの専門機関があり、「国連ファミリー」あるいは「国連システム」などと呼ばれる。そのため、広報の分野でも国連機関の連携を深める努力を以前からしてきた。昔は国連合同情報委員会（JUNIC）と呼ばれていたが、二〇〇〇年代に入ってから国連コミュニケーション・グループ（UNCG）と呼ばれるようになった。国連広報局長が座長だが、実質的には戦略広報部が運営している。

このグループの運営を任されることになったのは二〇一一年の初頭だった。戦略広報部長が前年に早期退職し、外部から新たな部長が任命されたころだったが、それまで運営に当たっていた職員が突然別な部に移籍したからであった。この職員はそれまで暫定的に二年にわたりある課の課長代行をしていたが、このポストに選出されなかったのである。それまで良い業績を残していたとの評判だったが、選考委員会の中にどうも評価していない人がいたようだ。本人は憤慨して、もう二度とこの部には帰ってこないと言って出て行ってしまった。

自分の本来の仕事に加え、週一度の会合を取りしきるのはそう簡単なことではなかったが、そこは長年の経験と人脈が役に立った。参加者の関心のあるテーマを選択し、毎回一人から三人程度のスピーカーを用意するのである。広報担当官達の情報の共有が大きな目的だったが、先に見込まれる広報キャンペーンやイベントへの広範囲な参加を促す役割もあった。

年に一度各機関の広報部のトップを集めて行うコミュニケーション・グループの年次会合も大きな仕事だった。会合を主催する国連機関や場所の決定からアジェンダの設定、招待者リストの作成と連絡、「目玉」となる外部からの後援者の招待など、わずか数人でこなさなければならない。二〇一一年はジュネーブにある世界気象機関（WMO）本部、二〇一二年は国連欧州事務所がある広報局のジュネーブ広報部、二〇一三年はローマにある国際農業開発基金（IFAD）が主催した。

ミラノ万博

コミュニケーション・グループの一つの大きな検討課題が二〇一五年のミラノ万博だった。二〇一〇年に中国の上海で万博が開催されたが、閉幕して間もない二〇一一年初頭にミラノ万博の企画運営を任された会社の渉外部長が国連にやってきたのである。

新任の戦略広報部長と私の二人で応対したが、この渉外部長は、ミラノの万博では新しい形の国連の参加を希望していることを伝えてきた。万博のテーマは「食」である。さすがにイタリアだが、今回はこれまで代々建築されてきた国連パビリオンを造らず、万博全体のテーマに沿った形で貢献してくれないかと言う。これは新たな提言だった。本音は、実は上海万博を調査目的で訪れた際国連パビリオンにも立ち寄ったが、客も少なく、あまり関心を呼んでいなかったということだった。多額の資金でパビリオンを造るよりは、テーマで参加してもらった方が良いとの思惑だった。

私も日本で開催されたつくば万博と愛知万博には行ったことがあった。愛知万博ではポピュラーなパビリオンは列が長く、何時間も待たされることから諦め、国連パビリオンにも足を運んだことがある。列はなくすぐ入れたこともあるが、国連職員として国連パビリオンを見ないわけにはいかなかった。国連パビリオンでは、展示に加えて特定のテーマで講演会などが開かれていて非常に教育的だと思ったが、人の出入りはそう多くはなかった。

今回は主催者側の強い意向が感じられた。これを無視することができないのは明白だった。内部で検討した結果、イタリア大統領からの国連事務総長宛の国連参加を促す招待状に対して肯定的に返答することになった。内容は私が起草した。

問題はこれからどのような参加になるかだった。イタリア政府は覚書の協定締結を急いでいたが、国連機関全部を巻き込む万博参加には事務総長が議長を務める中央執行理事会（ＣＥＢ）の承認が必要だった。この理事会は春と秋一年に二度開催されるが、二〇一一年秋の理事会までには承認を取り付ける必要があった。ここでも私の人脈が功を奏した。理事会の事務局に以前別な局で広報を担当した職員がいたのである。正式な議題としてもらうと手続きが大変で時間もかかる。結局、この職員を通じて国連の参加を事務総長のスピーチに入れてもらい、全機関のサポートを促したのである。

ローマには食糧関係の国際機関が三つ本部を構えている。食糧や農業政策全般に関わっている国連食糧農業機関（FAO）、緊急食糧援助を主な目的にしている世界食糧機関（WFP）、農業開発のための資金提供を主な目的とする国際農業開発基金（IFAD）である。そのため、この三つの機関をミラノ万博担当とすべく、二〇一三年のコミュニケーション・グループの年次総会をローマで開催し、ローマ体制を構築した。

ミラノ万博は、二〇一五年五月から一〇月まで開催されたが、「パビリオン・ゼロ」と呼ばれた万博のテーマ館には、国連の「飢餓の撲滅」や「食の浪費」「自然や環境との調和」などに関するメッセージが大きく描かれていた。

国連広報の成果と問題点

国連は世界の試験的存在でもある。主権国家から成る国際機関で、超国家的行動も取れる力を与えられている。ただ、その力は主権国家が共同行動を取れる時に発揮される。それは単に国際平和と安全保障分野に限ったことではない。国連憲章に謳われているように、経済社会の発展や人権の擁護と促進、国際法や法の支配の発展、国際協調の推進など、さまざまな分野での主権国家間の協力があってこその力である。国連事務総長や事務局もその国際協調を促進する重要な役割を担っている。

国連の広報活動はあまり前面に出ることはなかったが、冷戦後の国際政治の進展の中で、その価値が徐々に実質的なものとして理解されるようになってきた。メディアが民主主義の第四の柱と言われているように、広報も情報革命が急速に進む中でその重要性を増している。国際社会のアクターがもはや主権国家だけではなく、広く市民社会を含んだより重層的なものになったこともある。

それに伴い、広報のあり方もだいぶ変わってきており、最近では平和のメッセンジャーや親善大使など芸能界の著名人を動員したり、グローバル・コンパクトといった民間企業を巻き込んだ労働環境改善や社会貢献、人権尊重や汚職の追放などを推進したり、大学と連携したアカデミック・コンパクトを勧めたりと、かなり広範囲な活動を行ってきている。インターネットの普及はそれまで困難だった個人への浸透につながっており、ソーシャル・メディアの発達はさらにこれに拍車をかけている。

しかし、国連広報の国際社会への浸透はまだまだである。歴代の事務総長がよく外遊中に、一般の人と話しているとほとんどの人が国連に対する理解を持っていないとこぼしていたのを思い出す。国連そのものが複雑な組織で、事務総長だけが国連を代表しているのではなく、総会も安全保障理事会も経済社会理事会、国際司法裁判所、人権理事会なども全て国連なのである。国家同士の利害対立があり、紛争も絶えない中、国連の役割を説明するのはそう容易いことではない。

よく国連が無くなると新たな国連を造らなければならないと言われる。国と国との問題だけでなく、国境を越えたグローバルな問題も数多くあり、国際社会の課題も多い。そのような中で、これらの問題の解決に向けて国際協調を促進するために国連が何をすべきか、何ができるか、何をしているのかを地道に広報していくのが国連の役割であろう。

国連本部ビルの前に立つ筆者

おわりに

歴史は日々作られているが、世界的な歴史の出来事に直接関与し、多少なりともそれに貢献できる機会が与えられたのは幸運であったと言える。歴史に名前が刻み込まれるのは、国連でも事務総長や特別代表など特定の人達だが、その裏には多くの無名の人達のサポートがあるのである。中堅でもジュニアレベルでも、そして一般職員であっても、国連の活動にとってはみな大事である。国連本部で仕事をしていた時も、普段は国連の意義や役割について実感することはそう多くなかったが、一旦フィールドに出てみると、世界の中での国連が見えてきた。自覚しようとすまいと、自分の後ろには国連の旗、つまり国際社会が後押ししている。現地の人達はそのような目で我々を見ている。それを感じた瞬間、国連観が変わったのである。

国連はあくまで主権国家の集まりで、唯一の普遍的政治機関だが、実際には国際政治、国際社会での一つの重要なアクターとなっている。紛争解決へのさまざまなツールを持っている。経験を持っている。ネットワークを持っている。しかし、国連という国際機関だけではすべての問題が解決するというものでもない。グローバル化が進み、国境を越えた問題が山積みしている中で、問題の解決に向けた議論の場として、国際協調の場として、そして共同行動の場として、国連は今後ますます重要な役割を担うであろう。その国連をどのように有効に使っていくかは国家だけではなく、市民社会も真剣に考え寄与していくべきものであろう。

私自身の国連キャリアを概観してみたが、ここに書かれているのはその一断面に過ぎない。「氷山の一角」という表現があるが、まさにその通りである。しかし、その一角を垣間見ただけでもより大きな姿を連想できる。国連も大きな組織で、そこで働く人達も千差万別だ。しかし、今の国際社会にとってかけがいのない存在でもある。私の国連キャリアは必ずしも順風満帆に行ったわけではないが、何とかまっとうできた背景には、多くの人が支えてくれたことがある。多くの良い仲間にも出会った。これらの人達なくして私の国連人生はなかったとも言える。

植木安弘（うえき・やすひろ）

1976年上智大学外国語学部ロシア語学科卒。コロンビア大学大学院で国際関係論修士号、博士号取得。1982年より国連事務局広報局勤務。1992-94年日本政府国連代表部（政務班）。1994-99年国連事務総長報道官室。1999-2014年広報局、戦略広報部勤務。ナミビアや南アフリカで選挙監視活動、東ティモールで政務官兼副報道官、イラクで国連大量破壊兵器査察団バグダッド報道官、津波後のインドネシアのアチェで広報官なども勤める。2014年から上智大学総合グローバル学部教授。上智大学国際関係研究所、人間の安全保障研究所所員。主な著書や論文に『国際連合―その役割と機能』（日本評論社、2018年）、「国際化するテロリズムと国際社会の対応」［『人間の安全保障と平和構築』（日本評論社、2017年）］、「国連事務総長：選出の歴史と役割の変遷」［『国連研究第17号』（国際書院、2016年）］、『国連広報官に学ぶ問題解決力の磨き方』（祥伝社新書、2015年）、「アフリカにおける国連の役割」［『世界の中のアフリカ』（上智大学出版、2013年）］など。

国際協力・国際機関人材育成シリーズ2

歴史に生きる―国連広報官の軌跡―

グローバルキャリアのすすめ

発 行 日：2019年1月10日　初版第1刷発行

著　　者：植木 安弘

発 行 者：末森 満

発 行 所：株式会社 国際開発ジャーナル社
〒113-0034
東京都文京区湯島2-2-6　フジヤミウラビル8F
TEL　03-5615-9670　　FAX　03-5615-9671
URL　https://www.idj.co.jp/　E-mail　mail@idj.co.jp

発 売 所：丸善出版 株式会社
〒101-0051
東京都千代田区神田神保町2-17　神田神保町ビル6F
TEL　03-3512-3256　　FAX　03-3512-3270
URL　https://www.maruzen-publishing.co.jp/

デザイン・制作：株式会社 光邦

表 紙 写 真：ニューヨークの国連本部（国連フォト ＃64286）

ISBN 978-4-87539-801-1 C0030